基于学术社交网络的
高校科研影响力计量评价研究

Research on Measurement and Evaluation of Scientific Research Impact of
University Based on Academic Social Networks

邓国民 著

复旦大学 出版社

目 录

前言 ... 001

第一章　绪论 ... 001

第一节　全球大学排名背景下高校科研影响力的计量评价研究 / 002

一、高等教育的国际化趋势与全球大学排名的兴起 / 002

二、高校科研影响力的计量评价标准和方法 / 014

三、学术社交网络的兴起及应对策略 / 027

四、小结 / 032

第二节　本研究概况 / 033

一、学术价值和应用价值 / 034

二、研究内容 / 034

三、思路方法 / 038

第二章　学术交流的变革 ... 041

第一节　学术交流研究的起源、现状和未来趋势 / 041

一、数据检索策略 / 042

二、学术交流研究文献知识图谱分析 / 042

三、研究发现 / 063

四、结论 / 069

第二节　学术社交网络研究的起源、现状和未来趋势 / 069

一、数据检索策略 / 070

　　二、ASN 研究文献知识图谱分析 / 070

　　三、研究发现 / 090

　　四、结论 / 094

第三章　高校机构层面的 Altmetrics 研究 ································ 095
　第一节　研究方法与数据获取 / 095
　第二节　国内外一流高校研究成果的 Altmetrics 覆盖率及其比较 / 100
　　一、数据分析 / 103
　　二、结论及建议 / 109
　第三节　高校 Altmetrics 分数与其大学排名系统得分之间的相关性 / 112
　　一、数据分析 / 115
　　二、研究结果讨论 / 129

第四章　学术社交网络成为学术交流的新途径 ······················· 133
　第一节　研究现状 / 133
　第二节　研究问题与方法 / 139
　　一、研究问题 / 139
　　二、研究方法与数据获取 / 140
　第三节　数据分析及讨论 / 146
　　一、国内外一流大学 ResearchGate 指标得分情况比较 / 146
　　二、一流大学 ResearchGate 指标与其在不同排名系统中的得分之间的相关性 / 148
　　三、ResearchGate 指标值对大学排名分数的影响 / 150
　　四、ResearchGate 内部各指标之间的相关性 / 158
　　五、高校 RG 分数与其 ARWU 分数之间的相关性 / 161

六、高校 RG 分数与其 THE 分数之间的相关性 / 162

七、高校 RG 分数与其 QS 分数之间的相关性 / 162

八、高校 RG 分数与其 Nature Index 分数之间的相关性 / 163

九、高校 RG 分数与其 Leiden 分数之间的相关性 / 164

第四节 基于 ResearchGate 的高校科研影响力计量评价指标体系 / 165

一、指标体系设计及检验 / 165

二、基于学术社交网络的高校科研影响力评价 / 168

三、ResearchGate 综合评价得分与大学排名系统得分之间的相关性 / 172

第五节 结论 / 173

第五章 学术社交网络中高校科研影响力的社会网络分析 …………… 177

第一节 研究现状 / 177

第二节 研究方法 / 182

一、研究问题 / 182

二、数据获取与分析方法 / 184

三、社会网络指标 / 186

第三节 研究结果 / 188

一、描述性数据分析 / 188

二、结点中心性分析 / 189

三、社区检测 / 194

四、国内外比较 / 196

五、相关分析 / 201

六、高校中心性指标的影响因素 / 202

第四节 研究结论及启示 / 215

一、研究结论 / 215

二、研究启示 / 216

第六章　结语 ... 218

第一节　研究发现 / 219
一、学术社交网络给传统的学术交流模式带来巨大的变革 / 219

二、国内外一流大学研究成果的 Altmetrics 覆盖率存在显著的差异 / 220

三、Altmetrics 指标与大学排名系统指标之间存在显著的相关性 / 220

四、学术社交网络指标具有评价大学科研影响力的潜力 / 221

五、社会网络中心性指标具有评价大学科研影响力的潜力 / 222

第二节　研究创新与贡献 / 222
一、揭示出学术社交网络将学术交流模式带入一个新的发展阶段 / 222

二、检验了高校 Altmetrics 及 ResearchGate 指标的学术评价潜力 / 223

三、构建基于学术社交网络的高校科研影响力计量评价指标体系 / 224

四、揭示出大学基于学术社交网络的中心性指标的差异性及重要性 / 224

第三节　局限性及进一步研究建议 / 225
一、数据的全面性不足 / 225

二、数据采集的时间窗口难以一致 / 225

三、基于学术社交网络的高校科研影响力计量评价方法仍有待完善 / 226

参考文献 ... 228

后记 ... 232

前 言

世界一流大学和一流学科建设,简称"双一流",是中共中央、国务院新时代高等教育建设和发展的重大战略举措,有助于提升中国高等教育的办学水平、研究实力和国际竞争力。2017年9月21日,教育部、财政部、国家发展和改革委员会联合发布《关于公布世界一流大学和一流学科建设高校及建设学科名单的通知》,共42所高校入围,其中A类36所,B类6所。首批一流大学代表了国内高校的最高研究水平,它们在各大世界大学排名系统中与其他国内高校相比具有较大的优势。

目前的大学排名系统仍然主要使用基于传统文献计量学的方法,而近二十年以来,社会网络媒体以及学术社交网络日渐成熟,成为一种新的高校学术交流的重要场所。基于传统文献计量学的高校科研影响力计量评价方法并未充分考虑基于学术社交网络的高校科研影响力,目前也暂时没有对基于学术社交网络的高校科研影响力的评价标准和方法的系统研究。

本研究的主要目的在于调研国内外一流大学研究成果在学术社交网络中的覆盖范围及其基于学术社交网络的科研影响力情况,确定学术社交网络作为高校科研影响力测评数据来源的可行性，并在此基础上构建基于学术社交网络的高校科研影响力评价指标体系，对国内外一流大学在社交网络中的科研影响力进行测评和比较研究，为教育信息化、教育数字化背景下我国"双一流"大学的科研影响力评价提供新的方法尝试和数据支持，为提升数智时代中国高校在学术社交网络中的科研影响力提供策略建议。

本研究主要采集学术社交网络公开发布的高校及其研究人员的学术交流及替代计量学数据，不涉及个人隐私，而且数据统计以机构为单位进行整体分析，不针对研究者个体，因此不会侵犯他人荣誉权，特此说明。本研究参考和借鉴了国内外大量相关研究成果，绝大多数参考的研究文献均已经在书中注明和引用，但由于个人水平及精力有限，难免有遗漏和欠考虑之处，敬请原谅和批评指正。

邓国民 于贵阳

2023 年 5 月

第一章 绪　论

随着高等教育国际化进程的推进,大学排名研究日益受到关注,涌现出一系列著名的全球大学排名系统。这些排名系统发展了各自的评价指标体系,主要使用以出版数和引用数等静态指标为基础的传统文献计量学方法评价大学的科研影响力。近年来,学术资源开放获取、在线出版和社交媒体的兴起,对传统学术交流模式带来革命性影响。大学的学术影响力已经超出了传统学术交流的范畴,基于传统文献计量学的大学学术排名方法已经无法全面概括大学的学术影响力与质量,替代计量学(Altmetrics)应运而生。然而,Altmetrics工具跟踪监测的数据源繁杂而稀疏,而且只采集一些底层数据指标,尚难以形成系统完整的高校机构层级动态的科研影响评价标准。学术社交网络是专门针对科研人员的社交网络站点,为研究高校科研影响力提供了新的学术交流数据和场所,有可能产生新的科学影响评价指标。为了全面衡量高校在学术社交网络中的学术影响力和社会影响力,首先,需要检验和预测其作为高校科研影响力计量评价数据来源的可行性和有效性;其次,需要构建基于学术社交网络的高校科研影响力计量评价指标体系;最后,可以使用社会网络分析等方法分析学术社交网络中高校的动态科研影响力。

第一节　全球大学排名背景下高校科研影响力的计量评价研究

21世纪以来,高等教育国际化趋势加剧,全球大学排名和知识的全球化日益受到关注和普及,促使各国大学之间科学研究产出及影响力的竞争上升到一个新的水平。大学科学研究的质量、绩效和生产力已经成为全球知识经济时代衡量国家竞争力的重要指标。尽管对于大学排名的方法论及总体作用的批评和质疑声不断,但是,这些排名对于各国高等教育政策的制定、学术行为、利益相关者的观点以及我们对科学研究的整体理解无疑都具有重要的影响,它们已经成为全球高等教育改革的重要驱动因素之一,突显了高等教育机构建立竞争优势战略的重要性,能够极大地挑战并帮助改变围绕高等教育和研究发展(higher education and research development,HERD)的性能和生产力、质量和价值以及影响和利益的对话①。本章在全球大学排名以及知识全球化上升的背景下,比较目前主要大学排名系统的理论、方法及评价指标体系的异同,重点讨论其中基于传统文献计量学的科学研究产出及影响测评指标体系的优势,及其在替代计量学(Altmetrics)和学术社交网络兴起的时代背景下面临的挑战,探讨基于学术社交网络的替代计量学对于补充和完善全球大学排名系统衡量学术产出及影响力指标体系方面的价值、影响和意义。

一、高等教育的国际化趋势与全球大学排名的兴起

(一) 高等教育的国际化趋势

高等教育的国际化是指"将国际、跨文化或全球维度融入中学后教

---

① Hazelkorn E., Gibson A.. Global Science, National Research, and the Question of University Rankings [J]. Palgrave Communications, 2017, 3(1):1-11.

育的目的、功能和交付,以提高所有学生和教职员工的教育和研究质量,并对社会做出有意义的贡献的有意过程"①。在全球化的知识经济时代,国际化是当前各国高等教育领域的一个重要现象和战略议程。知识经济将高等教育和研究转变为经济领域的一个关键角色,大学的国际化变得比以往任何时候都更受重视。高等教育国际化已经从教育改革议程的边缘进入核心地带,世界上越来越多的国家积极参与高等教育的国际化进程。高等教育国际化需要考虑多方面的影响因素,比如学术自由、声誉、排名和卓越项目等方面的国际化交流与比较②。但是,高等教育的三大核心功能,教育、研究和社会服务,在国际层面缺乏一致性和可比较性,这给全球大学排名的出现和发展提出了广泛而迫切的需求。

(二) 全球大学排名的兴起

全球大学排名将大学研究置于一个国际化的比较框架内,确认了在全球化世界中,随着资本和人才流动水平的提高,一所大学在国内的卓越地位已经不再足够。全球大学排名系统选择的指标往往强调投入,并重视大学的办学历史以及通过捐赠、学费或政府投资等渠道获得的经费。而且,质量保证一直是高校学术自我调节的基本原则,通常是在计划或机构级别上通过专业组织以同行评审的方式实现。近年来,质量监测受到超国家机构的关注,并逐步在国际范围内被采用。它趋向于更大的指导和治理手段,对国际比较和基准数据的要求与日俱增。③

---

① De Wit H., Hunter F., Howard L., Egron-Polak E.. Internationalisation of Higher Education [M]. Brussels: European Parliament, Directorate-General for Internal Policies, 2015.

② De Wit H., Altbach P. G.. Internationalization in Higher Education: Global Trends and Recommendations for its Future [J]. Policy Reviews in Higher Education, 2021, 5(1): 28 – 46.

③ Eaton J. S.. The Quest for Quality and the Role, Impact and Ifluence of Supranational Organisations [M]//Global Rankings and the Geopolitics of Higher Education. Routledge, 2016: 348 – 362.

高等教育的全球化推动了对全球大学排名的研究与实践,对高等教育机构的教育质量及研究绩效进行跨地区甚至跨国评估与比较变得非常重要。全球大学排名对各国高等教育政策、经费投入以及研究人员的评价均产生了重要的影响。其中,研究绩效评价是各排名系统考察的重要内容,其评价指标和方法需要同时借鉴高等教育评估以及文献计量学等方面的研究成果。相当长的时间之内,大学之间的评价与比较主要是通过没有任何数据支持的比较模糊的声誉评估来实现的。1982年,美国国家研究委员会开始定期收集美国274所机构和41个学科研究博士学位计划的信息。1983年,《美国新闻与世界报道》(US News)开始了大学排名,并逐渐将其重点从本科教育扩展到研究生教育,从机构扩展到研究生计划。英国高等教育基金委员会从20世纪90年代开始进行高校研究评估。最初的大学排名主要用于帮助家长和学生择校,经过数十年的发展,大学排名的作用与角色已经发生了重要的转变:更多被用于为高等教育政策的制定者、决策者和资助机构提供信息,为提高高等教育的研究实力、教育质量和资金分配提供信息数据支持。[1]

相比其他方面,高校研究产出及其影响的有意义、可靠和可验证的国际比较指标和数据更容易确定和获取,因而成为各全球大学排名系统优先考虑的指标。目前比较主流的排名系统有:上海交通大学"世界大学学术排名"(Academic Ranking of World Universities)、时代高等教育世界排名(Times Higher Education World Rankings)、Scimago世界大学排名、QS顶尖大学(QS Top Universities)、U-Multirank多维全球大学排名和CWTS莱顿大学排名等。它们一般使用标准的国际文献计量学方法,对经过同行评审的出版物及其引用情况进行计量学分析,以衡量一所大学的学术产出、学术影响及教师或机构的质量。这种方法严重依赖Web of Science(WoS)和Scopus等数据库收录的英语

---

[1] Shin J. C., Toutkoushian R. K.. The Past, Present, and Future of University Rankings [M]//University Rankings. Netherlands: Springer, 2011:1-16.

文献数据,倾向于青睐物理学、生命科学和医学科学,让英语国家受益,并强调国际影响①。其中一些排名系统将研究与研究相关的指标结合起来(例如,学术声誉、博士学位授予、研究收入、引文、学术论文、教师和校友获奖以及国际化等)评价高校的研究水平。从世界大学学术排名、QS顶尖大学、时代高等教育世界排名等系统使用的评价指标来看,研究相关的指标无一不是重要的构成部分②。

国外大学科研影响力研究曾同时使用定量研究和定性研究方法。定量研究方法一般以论文发表总量和被引频次作为基本测量指标,先后使用了文献计量学(Bibliometrics)、科学计量学(Scientometrics)、信息计量学(Informetrics)和网络计量学(Webometrics)等定量研究方法。定性研究方法包括同行评价和第三方评估等方法。③ 这些评价指标体系和评估方法被广泛应用于国际高校排名研究中。下面将分别介绍7种主要的世界大学排名系统以及它们使用的计量评价方法。

1. "世界大学学术排名"(Academic Ranking of World Universities)

上海交通大学世界一流大学研究中心的"世界大学学术排名"(ARWU)从2003年开始,每年发布一版,至今共发布20版。世界大学学术排名采用了教师和校友获得诺贝尔奖和菲尔兹奖数量、各学科领域被引用次数最高的学者数量、在《自然》(Nature)和《科学》(Science)杂志上发表论文数量、被科学引文索引(SCIE)和社会科学引文索引(SSCI)收录的论文数和师均学术表现等六项指标,对世界大学的学术表现进行排名,其具体的排名指标与权重如表1.1所示④。

---

① Marginson S.. University Rankings and Social Science [J]. European Journal of Education, 2014,49(1):45-59.
② Hazelkorn E.. Rankings and the Reshaping of Higher Education: The Battle for World-class Excellence(2nd ed)[M]. Basingstoke: Palgrave Macmillan, 2015.
③ Pagell R. A.. Bibliometrics and University Research Rankings Demystified for Librarians [M]//Library and Information Sciences. Berlin Heidelberg: Springer, 2014:137-160.
④ 程莹,杨颉. 从世界大学学术排名(ARWU)看我国"985工程"大学学术竞争力的变化[J]. 中国高教研究,2016(4):64—67.

表 1.1 世界大学学术排名的指标与权重[①]

一级指标	二级指标	简称	权重
教育质量	获诺贝尔奖和菲尔兹奖的校友折合数	校友获奖	10%
教师质量	获诺贝尔科学奖和菲尔兹奖的教师折合数	教师获奖	20%
	各学科领域被引用次数最高的学者数量	高被引科学家	20%
科研成果	在《自然》(Nature)和《科学》(Science)上发表论文的折合数*	N&S论文	20%
	被科学引文索引(SCIE)和社会科学引文索引(SSCI)收录的论文数量	国际论文	20%
师均表现	上述五项指标得分的师均值	师均表现	10%

* 对纯文科大学,不考虑N&S论文指标,其权重按比例分解到其他指标中。

2. 泰晤士高等教育世界大学排名(Times Higher Education World University Rankings)

泰晤士高等教育世界大学排名是唯一可衡量研究型大学在其所有核心使命(教学、研究、知识转化和国际视野)方面的全球绩效表。他们使用13个经过仔细校准的绩效指标来提供最全面、最平衡的比较,受到学生、学者、大学领导、行业和政府的信任。绩效指标分为五个领域:教学(学习环境),研究(数量,收入和声誉),引用(研究影响力),国际视野(工作人员、学生和研究人员)和行业收入(知识转化)。

其中,研究的数量,即生产力,通过计算一所高校的学者在Elsevier Scopus数据库收录的学术期刊上发表的论文数量,根据机构规模进行调整,并根据学科进行标准化,以衡量一所大学在高质量的同行评审期刊上发表论文的能力。引用(研究影响力)指标着眼于大学在传播新知识和新思想中的作用,通过获取一所大学学者发表的论文被全球学者平均引用的次数衡量其研究的影响力。比如2020年,他们的文献计量数据供应商Elsevier对5年来发表的1 280万篇期刊论文、文章评

[①] Academic Ranking Of World Universities [EB/OL]. [2020 - 08 - 01]. http://www.zuihaodaxue.com/ARWU-Methodology-2015.html.

论、会议论文、书籍及其章节进行的7740万次引用进行了检测,数据包括Elsevier的Scopus数据库索引的23400多种学术期刊以及2014年至2018年之间所有被索引的出版物,同时还收集了2014年至2019年6年间对这些出版物的引用情况。这些引文有助于向我们展示每所大学对人类知识总量的贡献:它们告诉我们谁的研究脱颖而出,已被其他学者接受和借鉴,更重要的是,已经被分享到全球学术社区,以扩大人们理解的范围,而不论学科。数据标准化能够反映不同学科领域之间引用量的差异,避免大量从事传统被引次数较高学科研究活动的机构获得不公平的优势。他们采用了混合国家调整和非国家调整的引用评分原始测量的均衡措施,排除了那些对少数大学引用评分产生不成比例影响的论文,并与爱思唯尔(Elsevier)合作,开发了一种新的分数计算方法,以确保这些论文的作者所在的大学将获得至少5%的论文价值,而那些为论文提供最多贡献者的大学将获得更大比例的价值。[①]

3. SCImago机构排名

SCImago机构排名(SCImago Institutions Rankings, SIR)是一种按综合指标对学术和研究机构进行排名的系统,其测量指标囊括了研究绩效、创新产出和社会影响三个方面的内容。SCImago机构排名为了在不同指标上达到最高的精确度,一方面对机构名称进行了广泛的手动消除歧义的过程,同时还开发了一套用于文献计量分析的评估工具。SCImago机构排名主要计算5年内的出版物,并反映机构的科学、经济和社会特征。SCImago机构排名使用Scopus数据库,其排名范围除了高校,还包括研究机构和医疗机构,其中研究维度测量指标包括标准化影响、卓越领导力、产出、科学领导力、校外期刊论文发表数、校内期刊论文发表数、卓越产出、高质量出版物、国际合作、开放获取和科研人才库等指标。具体因子、指标和权重分布如表1.2所示。创新

[①] The World University Rankings. The World University Rankings 2020: Methodology [EB/OL]. [2020-08-01]. https://www.timeshighereducation.com/world-university-rankings/world-university-rankings-2020-methodology.

维度指标包括创新知识、专利和技术影响,使用 PATSTAT 数据库作为信息源。社会影响因子主要包括 Altmetrics 和网络可见性指标,Altmetrics 的数据来源于 PlumX 和 Mendeley,而网络可见性指标包括反向链接数(number of backlinks, BN)和网页数量(web size)两个方面,分别使用 Ahrefs 和 Google 作为信息源。①

表 1.2 泰晤士高等教育世界大学排名指标与权重②

因子	指标	权重
研究(research)(50%)	Normalized Impact (NI)	13%
	Excellence with Leadership (EwL)	8%
	Output (O)	8%
	Scientific Leadership (L)	5%
	Not Own Journals (NotOJ)	3%
	Own Journals (OJ)	3%
	Excellence (Exc)	3%
	High Quality Publications (Q1)	2%
	International Collaboration (IC)	2%
	Open Access (OA)	2%
	Scientific Talent Pool (STP)	2%
创新(innovation)(30%)	Innovative Knowledge (IK)	10%
	Patents (PT)	10%
	Technological Impact (TI)	10%
社会(societal)(20%)	Altmetrics (AM)	10%
	Inbound Links (BN)	5%
	Web Size (WS)	5%

---

① Scimago Institutions Rankings. Ranking Methodology [EB/OL]. [2020-08-01]. https://www.scimagoir.com/methodology.php.
② Ibid.

4. QS顶尖大学(QS Top Universities)

QS顶尖大学排名不像其他系统那样重视基于证据的文献计量学，而是更加重视定性的高校"学术声誉"，使用六个简单的指标汇编成一种非常一致的方法框架，以有效地反映大学的表现。QS顶尖大学排名使用的指标包括：学术声誉、雇主声誉、师生比、师均引用次数、国际师资比例和国际学生比例。①②

学术声誉：学术声誉考察世界大学的教学和研究质量，通过对13万份专家学术意见调查结果的整理得出，占总分权重的40%。

雇主声誉：评估院校如何为学生的成功职业生涯做好准备，即学生毕业时掌握就业市场所需要的技能和知识情况，了解哪些院校能够培养出最有能力、最具创新力和效率最高的毕业生。

师生比：该指标评估机构如何为学生提供与讲师和导师有意义的接触，认为每位学生拥有的教师数量多，可以减轻教学负担，并创造出更有利的学生体验。

师均引用次数：使用每位教师的引用次数来衡量大学的研究质量，即一所大学在五年内发表的论文被学术引用的总数。所有引文数据均来自 Elsevier 的 Scopus 数据库，并且排除了自我引用。

国际学生比例和国际教师比例：评估一所高校的国际化水平，高度国际化的大学会带来很多好处。国际学生比例和国际教师比例展示了一所高校吸引来自世界各地的优质学生和员工的能力，并且意味着高度的全球视野。强大的国际机构能够提供多国环境，有助于建立国际认证和全球意识。

5. U-Multirank 多维全球大学排名

U-Multirank 是由欧盟开发的一套基于用户驱动、多维度、对等组

---

① Topuniversities. QS World University Rankings Methodology [EB/OL]. [2020-08-01]. https://www.topuniversities.com/qs-world-university-rankings/methodology.
② Waltman L., Calero-Medina C., Kosten J., et al. The Leiden Ranking 2011/2012: Data Collection, Indicators, and Interpretation [J]. Journal of the American Society for Information Science & Technology, 2012, 63(12): 2419-2432.

可比性和多层次的大学不同方面和维度绩效的比较系统。① U-Multirank 采用了和其他大学排名系统不同的方法,强调比较大学在他们从事的不同活动中的表现,不仅限于研究,而是考虑了不同方面和维度的绩效:教学与学习、研究、知识转化(knowledge transfer)、国际取向和区域参与六个方面。U-Multirank 不像其他排名系统那样对不同绩效领域产生综合的加权分数,然后使用这些分数生成世界大学排行榜,认为这种综合评分缺乏任何理论或经验依据,而且使用的加权方案也并不稳健:分配给基础度量的权重(指标得分)的微小变化将极大地改变综合得分。因此,U-Multirank 方法根据各个指标评估大学的分数,将其划分为从"非常好"到"弱"的五个绩效组。数据来源包括由大学自我报告的问卷调查数据、学生调查数据、文献计量与专利数据和国家高等教育系统提供的数据集。其中研究和专利是两个非常重要的指标,其数据由莱顿大学科学技术研究中心(CWTS)产生。研究的二级指标包括外部研究收入、博士学位学术人员数量、研究出版物数量(Web of Science 核心数据库)、引用率、高引论文、跨学科出版物、教学研究导向、艺术输出、博士后职位数、专业出版物、战略研究伙伴关系、开放获取出版物数量和女性作者数量等。知识转化的二级指标包括私人来源收入、与行业合作伙伴的共同出版物、专利中引用的出版物、与地区组织合作完成的学士学位论文百分比、与地区组织合作完成的硕士学位论文百分比、获得专利数量、与行业合作专利数、创建附属企业数量、专利引用出版物数量、持续专业发展收入和毕业生创办公司数②。

6. CWTS 莱顿大学排名

CWTS 莱顿大学排名利用 Thomson Reuters 的文献计量指标开发了大学科研排名系统,根据出版物的产出、协作和影响的规模评估全

---

① Van Vught F., Ziegele F. (eds). Multidimensional Ranking: The Design and Development of U-multirank [M]. Dordrecht: Springer, 2012.
② U-Multirank. U-Multirank's Approach to University Rankings [EB/OL]. [2020-08-01]. https://www.umultirank.org/about/methodology/our-approach.

球800多家大学的科学产出,并将每年详细的评价数据公开发布,供研究人员修改、标准化和尝试新的测量方法。①②莱顿排名提供了出版物产出、引用影响、科学合作、开放获取和性别五类指标:(1)出版物产出指标(P),指大学出版物总数。(2)引用影响指标包括平均引用次数(MCS),指大学出版物的平均引用次数;平均标准化引用分数(MNCS),指按科学领域、出版年份和文档类型等差异进行标准化处理后的平均引用次数;引用率前10%的出版物比例(PPtop 10%)。(3)科学合作指标,具体包括合作出版物的比例(PPcollab)、国际合作出版物的比例(PPint collab)、平均地理合作距离(MGCD)和远程合作出版物比例(PP>1 000 km)。(4)开放获取指标,指大学开放获取出版物的数量和比例,具体包括一般开放获取出版物、黄金开放获取出版物、混合开放获取出版物、青铜开放获取出版物、绿色开放获取出版物和未知开放获取出版物。(5)性别指标,包括一所大学的作者总数、男女作者数量及比例、性别未知作者数量及比例等③④。

7. 世界大学网络计量排名(Webometrics Ranking of World Universities)

由西班牙网络计量实验室提出的"世界大学网络计量排名(Webometrics Ranking of World Universities)",致力于使用定量方法,对与科学知识生成和学术交流相关的互联网内容进行分析,以衡量大学在互联网上的科学影响。这种网络计量指标可以作为基于传统文献计量学指标的大学排名方法的有益补充。他们开发了一套面向网络影

---

① Center for Science and Technology Studies (CWTS). Computions and Bibliometric Indicators Information Source: Bibliographic Records of Research Publications and Patents [EB/OL]. [2020 – 08 – 01]. http://www.umultirank.org/cms/wp-content/uploads/2016/03/Bibliometric-Analysis-in-U-Multirank-2016.pdf.
② Center for Science and Technology Studies (CWTS). Leiden Rankings [EB/OL]. [2020 – 08 – 01]. http://www.leidenranking.com/information/indicators.
③ Ibid.
④ Waltman L., Calero-Medina C., Kosten J., et al.. The Leiden Ranking 2011/2012: Data Collection, Indicators, and Interpretation [J]. Journal of the American Society for Information Science & Technology, 2012, 63(12): 2419 – 2432.

响的评价指标,同时使用网络计量和文献计量指标。"世界大学网络计量排名"吸收了上海交通大学的世界大学学术排名方法,根据公开的网络数据构建,将变量组合成一个综合指标。基于文献计量学的排名偏向技术、计算科学、社会科学和人文科学等学科,而网络计量学可以以间接的方式衡量教学或大学的其他使命,比如技术转移到工业的经济相关性、社区参与甚至政治影响等,目前的计算指标及计算方法如表1.3所示[①]。

表1.3 "世界大学网络计量排名"指标及计算方法

指标	含义	方法	来源	权重
存在	公共知识分享	停止		
可见性	Web内容影响	链接到机构网页的外部网络(子网)数量(标准化后选择最大值)	Ahrefs Majestic	50%
透明度(或公开性)	高被引研究人员	来自前310位作者的引用次数(不包括前30位异常值)	谷歌学术档案	10%
卓越(或学者)	高被引论文	在完整数据库的所有27个学科中,每个学科中被引用次数前10%的论文数量,采用五年期数据。	Scimago	40%

综上所述,全球大学排名的影响越来越广泛和深入,其中指标体系是重要的基准工具,不同的大学排名系统发展了各自的评价指标体系,它们各有其优势和不足。一些学者对主流世界大学排名系统的技术和方法,包括指标体系、权重、统计分析方法与信效度进行了比较研究,发现一些排名系统的结果存在不可重复的问题,并提出了一些解

---

① Cybermetrics Lab. Methodology [EB/OL]. [2023-04-05]. https://www.webometrics.info/en/Methodology.

决这些问题和提升其效度的方法和策略。①② 从目前来看,这些指标体系大多都将科学影响力作为重要的评价项目,而且主要使用传统文献计量学方法,比如从科学产生和研究影响等维度进行测量与评价,数据来源以 Web of Science、Scopus 等数据库为主。这种基于文献计量学的高校排名科研评价指标体系实际上并未充分借鉴文献计量学研究多年来奠定的理论基础及实践经验,选择的文献计量指标比较简单,以出版数和引用数等静态指标为主,难以科学地衡量指标内部及指标之间的动态影响,不可避免地存在一定的局限性。其一,除泰晤士高等教育世界大学排名外,较少考虑成果转化方面的指标;其二,未考虑不同学科领域学术产出与影响力存在的差异,因为不同大学在不同学科领域具有不同的优势,这会在一定程度上影响大学排名的科学性与合理性;其三,不同大学的使命、关注的重点、规模、资源以及所处国家的历史文化和高等教育体系均存在较大的国别差异,所以使用同样的标准和指标体系对世界大学进行跨国排名是一项具有挑战性的任务;其四,大学排名应该建立在一定的理论基础之上,从生产框架理论来看,大学排名需要对其输入、过程和输出进行综合测量,而不是仅从输出这一维度进行测量③;其五,目前多数排名指标体系主要使用了定量指标,如何正确地衡量高等教育的质量还需要对其评价指标体系进行发展。

因此,未来大学排名的评价指标体系的设计,一方面,需要充分吸收文献计量学的理论基础与实践研究成果,考虑引入更多元化的因素,揭示专业领域中排名指数之间的相互关系,或者使用因子分析及其他先进的统计技术进一步确定一所大学在不同排名系统指标中的共同因素,以进一步检验大学排名系统指标的信度和效度。另一方面,

---

① Pavel A. P.. Global University Rankings — A Comparative Analysis [J]. Procedia Economics & Finance, 2015, 26:54 – 63.
② Olcay G. A., Bulu M.. Is Measuring the Knowledge Creation of Universities Possible?: A Review of University Rankings [J]. Technological Forecasting and Social Change, 2017, 123: 153 – 160.
③ Shin J. C., Toutkoushian R. K.. The Past, Present, and Future of University Rankings [M]//University Rankings. Dordrecht: Springer, 2011:1 – 16.

学术资源开放获取以及学术社交网络的兴起,实际上对传统的基于学术期刊和数据库的学术交流模式在很大程度上是一种颠覆。各大学的研究成果及研究人员的学术影响力已经超出了传统学术交流的范畴,即基于文献计量学的大学学术排名方法已经无法全面概括各大学的学术影响力与质量,还需要考虑他们在开放数据库、社交媒体和学术社交网络中产生的学术影响力。目前,除 SCImago 机构排名外,其他大学排名系统暂未考虑这些方面的因素,未来需要将替代计量学(Altmetrics)产生的学术影响力考虑到大学排名指标体系中去,以应对大学学术交流的网络化、多样化和开放性等趋势。

二、高校科研影响力的计量评价标准和方法

(一)基于文献计量学的高校科研影响力评价标准和方法

文献计量学起源于印刷界,其概念由艾伦·普里查德(Alan Pritchard)于 20 世纪 60 年代后期提出,并将其定义为"将数学和统计方法应用于书籍和其他传播媒介"[①]。文献计量学诞生于书籍和期刊垄断学术交流的时代,是一种对科研成果出版的质量及影响力进行测量、跟踪和分析的定量方法,并逐渐发展出以引用分析为基础的工具和指标。目前,形成了相对完善的四个层级的影响度量指标:(1)论文层级计量指标(引用次数);(2)期刊层级计量指标(影响因子、即时指数、被引半衰期);(3)作者层级计量指标(H 指数、I10 指数);(4)机构层级计量指标(ESI)[②]。

目前,国内关于高校科研影响力的评价主要使用研究产出和被引情况等传统文献计量学指标。邱均平(2013)提出从论文被引次数、高被引论文数和进入排名学科数等指标评价高校的科研影响力[③]。杨国

---

① Pritchard A.. Statistical Bibliography or Bibliometrics [J]. Journal of Documentation, 1969, 25:348.
② Roemer R. C., Borchardt R.. Meaningful Metrics: a 21st Century Librarian's Guide to Bibliometrics, Altmetrics, and Research Impact [M]. Chicago, Illinois, USA: Association of College and Research Libraries, A Division of the American Library Association, 2015.
③ 邱均平,楼雯,吴胜男,余厚强. 中国与世界:一流大学与科研机构竞争力评价与结果分析[J]. 评价与管理,2013,11(4):27—32.

梁(2010)主张从产出、效率和效果等指标评价科研机构的学术影响力[1]。傅鑫金等(2013)以高校为基本单位,计算其基于谷歌学术的网络 h 指数、网络 g 指数以及学术差和学术势等指标,评价高校的网络学术影响力[2]。鲍威等(2017)从国际期刊发表、国际学术会议参与和留学生吸纳等指标测量高校的国际学术影响力[3]。上海交通大学世界一流大学研究中心采用了获诺贝尔奖或菲尔兹奖数量、高被引研究者、Nature 或 Science 论文发表数、SCI 或 SSCI 收录论文数和师均学术表现等指标,对世界大学的学术影响力进行排名[4]。

国外同样广泛使用了文献计量学方法。荷兰莱顿大学、Times 和 Scimago 等世界大学排名系统均使用了科研产出、引用影响和科学合作等指标测量全球重要大学的科研影响力[5][6]。这些评价方法主要采用指标加权分数累加的计量方法,但各指标项具有不同的性质,而且存在负相关和指标冗余等问题,总体上可能会隐藏一些重要的差异,因此需要对其含义进行重新阐明,以消除指标冗余带来的问题[7]。Waltman(2016)发现常用的科研影响力评价的引用影响指标可以分为规模依赖指标(引用总量、高引出版物数、h 指数)和非规模依赖指标(每份出版物平均引用次数和高引出版物比例)两类,并指出这些指标

---

[1] 杨国梁,Liu W. B.,李晓轩等.国际国立科研机构学术影响力评价方法研究[J].中国科技论坛,2010(6):137—142.
[2] 付鑫金,方曙,许海云.高校网络学术影响力实证研究[J].图书情报工作,2013,57(8):86—90.
[3] 鲍威,哈巍,闵维方,等."985 工程"对中国高校国际学术影响力的驱动效应评估[J].教育研究,2017,38(9):61—69.
[4] 程莹,杨颉.从世界大学学术排名(ARWU)看我国"985 工程"大学学术竞争力的变化[J].中国高教研究,2016(4):64—67.
[5] CWTS. CWTS Leiden Ranking 2017 — Moving beyond just Ranking [EB/OL].(2017-12-19)[2018-02-12]. http://www.leidenranking.com.
[6] Waltman L.. A Review of the Literature on Citation Impact Indicators [J]. Journal of Informetrics, 2016,10(2):365-391.
[7] Kaycheng Soh. What the Overall doesn't Tell about World University Rankings: Examples from ARWU, QSWUR, and THEWUR in 2013[J]. Journal of Higher Education Policy and Management, 2015,37(3):295-307.

的计算需要在考虑学科差异的基础上进行标准化处理,同时需要考虑多作者情况下这些指标系数的计算分配问题,并总结出一系列的标准化和指标权重分数计算方法①。

英国8所著名大学(伦敦大学学院、牛津大学、剑桥大学、伦敦帝国理工学院、布里斯托大学、利兹大学、贝尔法斯特女王大学和圣安德鲁斯大学)和爱思唯尔通过合作伙伴关系,建立了雪球指标计划,旨在创建一套覆盖广泛研究范围的国际标准,免费供全球任何机构使用,使研究型大学能够了解自身的优势及不足,从而制定和监控有效的策略。2014年,爱思唯尔代表该计划发布了在线"食谱书",定义了雪球指标方法以衡量科研影响力,并描绘了各种结果指标,具体包括研究输入、研究过程和研究输出三个方面:(1)研究输入包括应用体量、获奖体量、成功率、学术产业杠杆、商业顾问活动、研究生资助等指标;(2)研究过程包括收入体量、市场份额、合同研究体量、研究生与教职员工比例;(3)研究输出包括学术产出、引用计数、成果平均引用、h指数、领域加权引用影响(Field-Weighted Citation Impact)、最高百分位成果、百分位顶级期刊出版物、合作、合作出版物份额、合作影响、合作领域加权引用影响、学术企业合作、学术企业合作影响、Altmetrics、公众参与、学术认可、知识产权体量、知识产权收入、可持续衍生公司数、衍生财务收益、博士学位授予时间和研究生毕业去向等方面②。

(二) 基于 Altmetrics 的科研影响力评价标准和方法

信息化环境下,高校论文发表数量和引用数据已经无法全面反映其科研影响力。近年来,电子出版、开放获取和学术社交网络在高等教育机构中的广泛应用,形成了新的学术交流机制,为高校科研影响

---

① Waltman L.. A Review of the Literature on Citation Impact Indicators [J]. Journal of Informetrics,2016,10(2):365-391.
② Snowballmetrics. Snowball Metrics Recipe Book Standardised Research Metrics [EB/OL]. [2023-02-02]. https://snowballmetrics.com/wp-content/uploads/2022/07/0211-Snowball-Metrics-Recipe-Book-v7-LO-1.pdf.

力的评价提供了新的学术交流数据,有可能产生新的科学影响评价指标,以更全面、更系统地反映高校多维度的科学影响力,替代计量学(Altmetrics)应运而生,它是在新的学术交流环境下对新的学术信息过滤工具需求的一种回应。Altmetrics 本身是多样化的,非常适合衡量研究成果在当今多样化的学术生态系统中带来的影响,扩大了我们对学术影响及其影响因素的看法[①]。替代计量学呈现出一些新的特点:第一,它与互联网,尤其是社交网络密不可分;第二,它是同时由创建新度量指标的必要性以及社交网络相关数据的可用性两方面的意义所共同驱动的;第三,替代计量总是以某种方式与学术联系在一起,即它仍然与影响测量方面,比如文献计量学存在共同的因素。因此,替代计量学不是对文献计量学的替代,而是在适应当前时代的实践和工具背景下对学术活动进行测量、跟踪和分析的一种延伸[②]。近年来,国内外学者从论文、学者、期刊和机构等层级对基于 Altmetrics 的科研影响力评价标准和方法进行了研究。

1. 国内研究概况

近 10 年来,国内学界开始引入 Altmetrics 评价论文、学者及机构层级的网络科研影响力,并分析它们与传统引用指标之间的相关性,判断其作为科研影响力评价指标的潜力。首先,论文层级的 Altmetrics 研究占绝大多数。由庆斌和汤珊红(2014)使用了 PLOS 和 F1000 网站提供的论文层级的计量数据,包括访问、保存、讨论、推荐和引用等用户行为指标数据,对论文层级的 Altmetrics 与引用指标之间的相关性进行了检测,发现二者之间存在相关性,具有一定的评价论文科研影响力的可能性[③]。由庆斌、韦博和汤珊红(2014)选择 Mendeley 平台

---

① Priem J., Taraborelli D., Groth P., Neylon C.. Altmetrics: A manifesto [EB/OL]. [2020-08-01]. http://altmetrics.org/manifesto.
② Roemer R. C., Borchardt R.. Meaningful Metrics: A 21st Century Librarian's Guide to Bibliometrics, Altmetrics, and Research Impact [M]. Chicago, Illinois, USA: Association of College and Research Libraries, A Division of the American Library Association, 2015.
③ 由庆斌,汤珊红. 不同类型论文层面计量指标间的相关性研究[J]. 图书情报工作,2014,58(08):79—84.

的论文,使用 Altmetric.com 提供的 API 获取这些论文的标题、DOI 和包括 Twitter、Facebook、Redditers、News、Blogs、Pinners、Mendeley、CiteULike、F1000、Google+、Video 在内的 11 个指标进行主成分分析,得到读者数量因子、社交传播因子和论文质量因子等论文影响力的主成分因子并建立主成分评价模型,发现它和引用评价模型的评价结果相关,能够用于对高学术影响力论文的评价[①]。王贤文等(2014)在 PLOS 期刊 2010 年文献数据的基础上,选取浏览、引用、收藏和讨论 4 个方面的 9 个指标,运用主成分分析方法,得到学术影响和社会影响两个主成分,然后在此基础上对每篇论文进行综合性评价,并将其与传统的引用影响评价方法进行比较,发现二者之间存在较高的相关性[②]。王睿等(2014)对样本文献的 Altmetric 分数和引用次数进行了比较分析,发现高 Altmetric 分数论文同时具有较高的学术影响力,Altmetrics 指标作为一种早期指标,在一定程度上能够预计论文在未来获得高被引[③]。刘晓娟等(2015)对样本文献的 Mendeley 阅读数、标签数与 Web of Science 被引频数之间进行了相关性分析,发现它们之间存在弱相关性,说明它们具有一定的评价文献影响的能力[④]。余厚强等(2016)提出了"新浪微博替代计量指标"来表示微博对科研论文的提及情况,并对其特点和规律进行了研究,指出微博提及能够体现引文影响无法体现的社会影响力和学术影响力[⑤]。刘晓娟和宰冰欣(2015)对图书情报领域文献的 Altmetrics 指标值与 Scopus 被引频次之间进行统计分析,发现在众多的 Altmetrics 指标中,Mendeley 适合文献的学术影响力评

---

① 由庆斌,韦博,汤珊红.基于补充计量学的论文影响力评价模型构建[J].图书情报工作,2014,58(22):5—11.
② 王贤文,刘趁,毛文莉.数字出版时代的科学论文综合评价研究[J].中国科技期刊研究,2014,25(11):1391—1396.
③ 王睿,胡文静,郭玮.高 Altmetrics 指标科技论文学术影响力研究[J].图书情报工作,2014,58(21):92—98.
④ 刘晓娟,周建华,尤斌.基于 Mendeley 与 WoS 的选择性计量指标与传统科学计量指标相关性研究[J].图书情报工作,2015,59(03):112—118.
⑤ 余厚强,Bradley M. Hemminger,肖婷婷,等.新浪微博替代计量指标特征分析[J].中国图书馆学报,2016(4):20—36.

价,而Twitter则更适合文献的社会影响力评价[①]。郭飞等(2016)对不同学科研究文献的Altmetric分值与Web of Science被引频次进行相关性分析,发现经济与商业学科研究文献的Altmetric得分与被引频次之间的相关系数最高,其次是微生物学,其他学科为弱相关或者不相关[②]。王雯霞和刘春丽(2017)对不同学科论文的Web of Science的引文指标数据和Altmetric.com的计量指标数据进行相关性分析和主成分分析,发现相关性方面存在学科差异,不同学科论文影响力评价模型中共同保留的指标包括被引频次、Mendeley、Blog等指标[③]。余厚强(2017)对27个学科研究文献的18个替代计量指标和Scopus引文数据指标进行相关性分析,发现独立用户数与引文量之间的相关系数显著高于绝对提及数,在线参考文献平台阅读量与引文量之间的相关系数最高,其他Altmetric指标与引文量数据之间弱相关,并指出替代计量指标存在明显的学科差异和用户类别差异[④]。段丹等(2017)对2007年以来26所财经类高校117篇ESI高被引论文的Mendeley阅读数和被引频次之间进行相关性分析,发现二者之间存在弱正相关性[⑤]。

关于学者学术影响力的评价方面,王妍等(2015)对学者的Altmetrics指标和传统的被引频次之间进行了相关性分析,发现反映社会影响力的替代计量指标与被引频次之间不存在强相关性,而基于学术界数据源的替代计量指标与被引频次之间呈强相关性,因而认为学术影响力和社会影响力指标测量了学者的不同方面,引入社会影响力指标能够

[①] 刘晓娟,宰冰欣.图书情报领域文献的Altmetrics指标分析[J].图书情报工作,2015,59(18):108—116.
[②] 郭飞,游滨,薛婧媛.Altmetrics热点论文传播特性及影响力分析[J].图书情报工作,2016,60(15):86—93.
[③] 王雯霞,刘春丽.不同学科间论文影响力评价指标模型的差异性研究[J].图书情报工作,2017,61(13):108—116.
[④] 余厚强.替代计量指标与引文量相关性的大规模跨学科研究——数值类型、指标种类与用户类别的影响[J].情报学报,2017,36(06):606—617.
[⑤] 段丹,王伟,孙爽.基于Altmetrics视角构建财经类高校学科竞争力评价体系研究[J].情报探索,2017,No.241(11):34—38.

更全面地评价学者的影响力①。杨柳等(2017)对样本机构的141位学者的Altmetrics数据和被引数据进行了因子分析、标准化和影响力评价,发现学者的Altmetrics分值对被引分值高低具有一定的预见性,全面评价学者影响力需要引入Altmetrics指标②。

关于机构影响力的评价方面,邱均平等(2015)指出目前的Altmetrics研究主要集中于论文层面影响力指标体系的设计方面,但在机构层面的研究还有待加强。他根据机构知识库的特点,从机构知识库(IR)整体、特定资源和资源发布者等三个方面分别提出适合知识库评价的Altmetrics指标,对机构层级的Altmetrics评价指标进行了初步地探讨③。杨柳等(2015)对机构的使用、获取、社交媒体和提及等四大类Altmetrics指标和传统影响力评价指标(Scopus),以及Altmetrics指标内部之间的相关性进行了分析,发现Altmetrics指标和传统引用影响指标之间存在相关性,能够反映机构多方面的科研影响力。但从Altmetrics指标内部及指标之间的相关性来看,有必要对Altmetrics指标进行调整,以解决不同指标之间强相关和指标内部弱相关的问题④。

2. 国外研究概况

首先,论文层级计量指标包括使用指标(Usage Metrics),它反映了用户使用在线工具可以直接与个人学术贡献进行交互的选择,比如点击/查看、下载、销售、库存等;捕获指标(Capture Metrics),反映了在线空间如何为用户提供新的选择,以规划他们与个人学术贡献的长期互动,比如书签、分岔(forks)、收藏、保存/阅读等;提及指标(Mentions),主要指社会网络内部及整个社会网络范围内对学术作品的讨论,包括

---

① 王妍,郭舒,张建勇.学者影响力评价指标的相关性研究[J].图书情报工作,2015,59(05):106—112,127.
② 杨柳,丁楠,田稷.Altmetrics视角下机构知识库学者影响力评价研究[J].情报理论与实践,2017,40(06):104—110.
③ 邱均平,张心源,董克.Altmetrics指标在机构知识库中的应用研究[J].图书情报工作,2015,59(02):100—105.
④ 杨柳,陈贡.Altmetrics视角下科研机构影响力评价指标的相关性研究[J].图书情报工作,2015,59(15):106—114,132.

博客文章、评论、评价、归因;社会媒体指标(Social Media Metrics),包括喜欢、分享和推特;分数和排名指标(Scores and Rankings),由一些 Altmetrics 工具提供的独特分析,这些工具都有其用于学术项目分配权重的公式,以比较某一工具中相似项目的影响,比如 Altmetric 分数和 Impactstory 的 Altmetric 百分位数等[1]。

Thelwall M. 等(2013)对样本论文的 11 种 Altmetrics 指标(Tweets、FbWalls、RH、Blogs、Google+、MSM、Reddits、Forums、Q&A、Pinners 和 LinkedIn)和 Web of Science 引用次数之间的关系进行了统计分析,结果显示论文的高 Altmetrics 分数与高引用率之间存在显著的相关性[2]。Eysenbach G.(2011)对发表学术论文的推文动态、内容和时间等指标能否预测高引论文进行了探讨,发现推文指标和引用指标之间具有统计学意义的中等相关性,而且通过多元线性模型发现高推文论文能够预测高引用率论文,因此基于推文的社会影响指标能够作为传统引用指标的补充[3]。Mohammadi E. 和 Thelwall M.(2013)发现不同学科研究论文的 Mendeley 读者数量与传统引用率之间存在相关性,其中社会科学要高于人文科学[4]。Zahedi Z. 等(2014)使用 Mendeley 的阅读关系计数作为出版物的替代计量方法,讨论了它和 Web of Science 引用指标之间的关系,发现它们之间存在中度相关性[5]。Neylon C. 和

---

[1] Roemer R. C., Borchardt R.. Meaningful Metrics: A 21st Century Librarian's Guide to Bibliometrics, Altmetrics, and Research Impact [M]. Chicago, Illinois, USA: Association of College and Research Libraries, A Division of the American Library Association, 2015.

[2] Thelwall M., Haustein S., Larivière V., et al.. Do Altmetrics Work? Twitter and Ten other Social Web Services [J]. Plos One, 2013, 8(5): e64841.

[3] Eysenbach G.. Can Tweets Predict Citations? Metrics of Social Impact Based on Twitter and Correlation with Traditional Metrics of Scientific Impact. [J]. Journal of Medical Internet Research, 2011, 13(4): e123.

[4] Mohammadi E., Thelwall M.. Mendeley Readership Altmetrics for the Social Sciences and Humanities: Research Evaluation and Knowledge Flows [J]. Journal of the Association for Information Science & Technology, 2013, 65(8): 1627-1638.

[5] Zahedi Z., Costas R., Wouters P.. How well Developed are Altmetrics? A Cross-disciplinary Analysis of the Presence of 'Alternative Metrics' in Scientific Publications [J]. Scientometrics,, 2014, 101(2): 1491-1513.

Wu S. (2009)对传统的期刊影响因子和文章级别的计量存在的问题进行了讨论，提出利用基于网络的科学社区、文献管理软件和学术社交网络中的数据，比如浏览、添加书签、标签、评论、投票和在线引用等数据作为新的文献计量指标的可行性①。

Brody T. 等(2006)使用 arXiv. org 的物理学电子文献库进行检验，发现物理学文章的引用和下载影响之间存在显著的相关性，并认为一篇论文的阅读次数和下载次数能够即时记录和统计，比引用影响力更具时效性，而且能够预计论文的引用次数②。Haustein S. 和 Siebenlist T. (2011)探讨了利用 CiteUlike、Connotea 和 BibSonomy 等社会化书签描述读者对期刊的看法，他们定义了四个指标，分别为使用率、使用扩散、文章使用强度和期刊使用强度，从而提供了关于期刊读者数量、出版物阅读份额和期刊使用强度等信息，用于分析和描述读者对期刊内容的特定观点③。Waltman L. 和 Costas R. (2014)发现生物和医学论文的 F1000 推荐和引用之间存在显著的相关性，但这种相关性要弱于期刊引用评分和论文引用之间的相关性，因此需要更多的研究确定 F1000 推荐作为研究评价新的数据源的潜力。这是 Altmetrics 的一种重要的研究方法，即通过比较发现不同环境下 Altmetrics 与引用次数之间的关系，以评估它作为研究评价方法的合适性④。Priem J. 等(2020)认为论文同行评议、引用计量和 JIF 等传统文献计量和过滤方法正在过时，新的在线学术工具如学术社交网络的涌现，需要构建新的替代计量学方法(Altmetrics)，从而反映蓬勃发展的学术生态中更广

---

① Neylon C., Wu S.. Level Metrics and the Evolution of Scientific Impact [J]. PLoS Biology, 2009,7(11):e1000242.
② Brody T., Harnad S., Carr L.. Earlier Web Usage Statistics as Predictors of Later Citation Impact [J]. Journal of the Association for Information Science & Technology, 2006,57(8): 1060-1072.
③ Haustein S., Siebenlist T.. Applying Social Bookmarking Data to Evaluate Journal Usage [J]. Journal of Informetrics, 2011,5(3):446-457.
④ Waltman L., Costas R.. F1000 Recommendations as A Potential New Data Source for Research Evaluation: A Comparison with Citations [J]. Journal of the American Society for Information Science & Technology, 2014,65(3):433-445.

泛而快速的影响,而且它能够跟踪一些有影响力但未被引用的论文在学术圈外的影响①。

Onyancha O. B.(2015)对南非大学在 ResearchGate 中的研究可见度及影响进行了评估,对其基于 ResearchGate 的指标和 Web of Science 引用统计和世界大学的网络计量学排名(Webometrics Ranking of World Universities,WRWU)进行相关性分析,发现高度相关。其中 ResearchGate 影响使用了 RG 分数、影响分、下载和查看次数。Web of Science 影响主要使用了总引用数、论文平均引用数、去自引总引用数和 h 指数②。Batooli Z. 等(2016)对喀山大学医学论文的 Scopus 数据库引用,以及这些论文在 ResearchGate 和 Mendeley 中的覆盖面及查看/阅读次数进行了统计分析和相关分析,发现在学术社交网络中高查看或高阅读文献能增强科研成果的可见度,从而提高引用率③。Hoffmann C. P. 等(2014)指出,传统的基于文献计量学的影响测评忽略科学影响的关系动力学而受到批判,他提出将社会网络分析方法应用于学者基于学术社交网络的交互研究,以产生新的科学影响指标,即研究人员在在线社交网络中的中心性和在线交流活动。他们在对瑞士管理学学者样本进行案例研究的基础上,发现这些新的指标和传统的线下指标之间,以及在线交流活动和学术出版之间相互关联,认为基于社会网络分析的关系方法能够增加科学影响力评价的丰富性和差异性④。Shrivastava R. 和 Mahajan P. (2016)对 2005 年和 2010 年两个

---

① Priem J., Taraborelli D., Groth P., Neylon C.. Altmetrics: A Manifesto [EB/OL]. [2020 - 08 - 01]. http://altmetrics.org/manifesto.
② Onyancha O. B.. Social Media and Research: An Assessment of the Coverage of South African Universities in ResearchGate, Web of Science and the Webometrics Ranking of World Universities [J]. South African Journal of Libraries & Information Science, 2015, 81(1): 8 - 20.
③ Batooli Z., Ravandi S. N., Bidgoli M. S.. Evaluation of Scientific Outputs of Kashan University of Medical Sciences in Scopus Citation Database based on Scopus, ResearchGate, and Mendeley Scientometric Measures [J]. Electronic Physician, 2016, 8(2): 2048 - 2056.
④ Hoffmann C. P., Lutz C., Meckel M.. Impact Factor 2.0: Applying Social Network Analysis to Scientific Impact Assessment [C]//2014 47th Hawaii International Conference on System Sciences. IEEE, 2014: 1576 - 1585.

时间段发表的 100 篇被引用次数最高的物理学研究论文的 Mendeley 读者人数与 Scopus 引用数之间进行相关性分析，发现二者在两个时间段均表现出相关性，2010 年为强正相关，2005 年为中度正相关，说明 Mendeley 读者人数具有作为研究评价替代指标的潜力[①]。

其次，作者层级计量指标是指通过社交网络获得作者的个人贡献指标。Impactstory 和 PlumX 等著名的 Altmetrics 供应商都提供了作者层级的 Altmetrics 档案和仪表盘，并随时更新。比如 ResearchGate 会根据其中作者贡献的互动相关的指标获得 RG 得分；Impactstory 允许作者创建个人档案，形成个人链接和 Altmetrics 的集合；PlumX 提供朝阳图（Sunbursts），通过圆形仪表盘输出研究人员相对影响的视觉摘要。研究影响视图包括研究输出类型、具体研究人员输出、与每个输出相关的数据源、数据源收集的关于每个输出的 Altmetric 交互。但是，这些指标都欠缺对其值和分数的情境化处理，以至难以直接比较基于 Altmetrics 的影响和进行基准测试。[②] Bar-Ilan J. 等（2012）对学者使用 LinkedIn、谷歌学术档案（Google Scholar Profiles）、Twitter 和 Mendeley 的覆盖情况进行了调查研究，发现有相当数量的学者在使用这些社交网络，他们的研究成果在社会引文管理软件中的书签数和 Scopus 引用频次之间存在显著的相关性[③]。Shrivastava R. 和 Mahajan P.（2015）对从印度旁遮普大学物理系 70 位 ResearchGate 会员档案页面获取的 Altmetric 指标（出版物数、页面查看数、出版物查看数、引用数、影响分数和 RG 分数）与 Scopus 数据库文献计量指标，以及 ResearchGate 内部指标之间进行相关性分析，发现除了 RG 分数

---

① Shrivastava R., Mahajan P.. Relationship between Citation Counts and Mendeley Readership Metrics: A Case of Top 100 Cited Papers in Physics [J]. New Library World, 2016, 117(3/4):229-238.
② Roemer R. C., Borchardt R.. Meaningful Metrics: A 21st Century Librarian's Guide to Bibliometrics, Altmetrics, and Research Impact [M]. Chicago, Illinois, USA: Association of College and Research Libraries, A Division of the American Library Association, 2015.
③ Bar-Ilan J., Haustein S., Peters I., et al.. Beyond Citations: Scholars' Visibility on the Social Web [J]. ArXiv Preprint ArXiv:1205.5611, 2012.

（RGScore）和 Scopus 引用数以外，其他 ResearchGate 指标均与 Scopus 指标之间呈现强正相关，ResearchGate 指标之间呈现中度到强正相关，并认为 ResearchGate 引用分数能够作为一种科研影响力的评价指标[1]。Lutz C. 和 Hoffmann C. P. (2018) 提出对社交媒体平台进行相关分析，能够为未经充分研究的科学影响维度提供新的见解，并可能丰富其评估工作。他们选择瑞士管理学者使用 ResearchGate 的情况，使用社会网络分析，提取关系指标作为评价学者科学影响的指标信息，并与文献计量学、网络计量学和 Altmetrics 进行相关分析，发现中心性测量和已有指标之间存在相关性，资历与出版影响之间高度相关，出版影响对网络中心性具有影响[2]。

第三，期刊层级计量指标主要指学术出版场所的 Altmetric 指标。随着文章查看和下载变得越来越普遍，我们也可以基于汇总的论文层级数据预测期刊层级指标作为一种查看用户与期刊内容进行交互的有用的替代方法。PLOS、John Wiley、Sons 和 Elsevier 等著名学术出版机构的期刊都开始使用 Altmetric 指标，比如 PLOS 就通过对 Altmetrics 的开拓性使用帮助作者和读者追踪期刊论文的在线使用情况（已查看、被引用、已保存、已讨论和已推荐），同时还可以访问期刊层级的"期刊摘要使用情况数据"，供用户查看或下载[3]。

最后，机构层级 Altmetrics 计量指标的构建是极具挑战的，因为缺乏对不同学科指标进行意义比较的能力，在使用汇总影响指标进行部门间或学科间的比较时需要格外谨慎。机构层级 Altmetrics 指标通常包括 PlumX 组指标，它提供了专门针对由附属研究人员构成的大组指标，汇总大组的工作和指标数据，计算和表现机构产出和影响类型，而

---

[1] Shrivastava R., Mahajan P.. Relationship amongst ResearchGate Altmetric Indicators and Scopus Bibliometric Iindicators [J]. New Library World, 2015,116(9/10):564-577.
[2] Lutz C., Hoffmann C. P.. Making Academic Social Capital Visible: Relating SNS-based, Alternative and Traditional Metrics of Scientific Impact [J]. Social Science Computer Review, 2018,36(5):632-643.
[3] PLOS ONE. Neylon. Journal Summary Usage Data [EB/OL]. [2020-08-01]. http://www.plosone.org/static/journalStatistics.

无需强迫分配更高级别的指标。机构替代计量学指标是 Altmetrics 供应机构通过获取博客、留言板、社区、热门新闻来源和社交媒体网站（Twitter，Facebook，Google+，Pinterest，新浪微博）数据，并按指标来源、时间分布、地理分布显示在机构仪表盘上。[1] Gazni A. 等（2016）对具有不同影响力和合作程度的机构的合作者对机构科学影响力的影响进行了考察，发现合作者更倾向于相互引用，高影响力和高合作机构从它们的合作者处获得更多的引用，但这种影响受合作者、机构、论文等因素的影响，而且随着影响力的增强，这种效应会降低[2]。

综上所述，文献计量学和替代计量学研究在论文及作者层面科研影响力的测量和评价中得到了大量的应用，学界对众多 Altmetrics 网络使用及提及指标和传统数据库引用影响指标之间的关系进行了大量的研究，发现二者之间存在相关性。随着开放访问、社交媒体，尤其是学术社交网络对学术论文及研究人员的覆盖面日益扩大，这种相关性越来越强，表明学术社交网络等网络计量指标越来越不容忽视。但从目前国内外 Altmetrics 在科研影响力测量与评价方面的研究来看，主要聚焦于论文和作者层级的计量与评价，而对机构层级，比如大学科研影响评价指标体系和方法的研究还比较薄弱。首先，目前缺少一套完善的基于学术社交网络的高校科研影响力计量评价指标体系。因为不同 Altmetrics 工具跟踪监测的数据源不一样，使用的指标体系也不一样，除了 Mendeley、ResearchGate 和 Academia.edu 等专门的学术社交网络，还包括 Tweet、Facebook、CiteUlike、Wikipedia 和新闻媒体提及等数据，虽然实现了数据来源的多元化和多样化，但也意味着只采集阅读、下载和提及等底层数据指标，不但无法实现指标数据的全面与深度分析，而且很难形成统一的计量评价指标体系，无法作为科学评

---

[1] Roemer R. C., Borchardt R.. Meaningful Metrics: A 21st Century Librarian's Guide to Bibliometrics, Altmetrics, and Research Impact [M]. Chicago, Illinois, USA: Association of College and Research Libraries, A Division of the American Library Association, 2015.
[2] Gazni A., Larivière V., Didegah F.. The Effect of Collaborators on Institutions' Scientific Impact [J]. Scientometrics, 2016, 109(2): 1209–1230.

价学术社交网络中高校科研影响力的评价标准。其次,不同的指标没有考虑它们在评价科研影响力方面的权重大小,都是同等对待,这会导致评价结果和真实影响力之间存在偏差。再次,Altmetrics只是验证了它和传统引用指标之间具有相关性,而各指标之间的独立性,其内部二级指标之间的相关性还有待研究。它们能否作为高校基于学术社交网络的科研影响力的计量评价标准还有待进一步挖掘。最后,学术社交网络中高校的科研影响除了这种静态的引用影响关系,还涉及大量的社会网络关系和学术网络关系,需要利用社会关系动力学来考虑结点不同位置代表的指标权重的不同。Altmetrics只考虑引用指标之间的相关性,而不考虑社会关系的动态影响是不够的。因此,我们需要在这些方面进行加强,聚焦专门的学术社交网络,设计统一的基于学术社交网络的高校科研影响力计量评价标准,为科学、公平、合理地评价中国高校在国际学术社交网络中体现的科研影响力提供计量评价工具和方法。

三、学术社交网络的兴起及应对策略

目前来看,高校科研影响力是全球高校排名中最重要的测量指标,这实质上是一个文献计量学问题。国内外一些知名大学排名系统都选择使用文献计量学指标测量大学的科研影响力。随着社交网络和其他在线媒体在学术交流中的作用日益凸显,它们也开始尝试将Altmetrics作为补充,以衡量高校在互联网上的学术影响力和社会影响力。Altmetrics能够提供更早期、更广泛的影响证据,更广泛的输出类别和细粒度影响情境,但仍然存在一些问题需要解决:其一,传统的基于文献计量学的评价方法忽视科研影响过程中社会关系的网络结构和动力学特征,无法体现结点在网络中不同位置表现出来的不同影响力权重;其二,文献计量学和替代计量学研究主要聚焦于论文和作者层级的测量与评价,而对机构层级,比如大学科研影响评价指标体系和方法的研究比较薄弱;其三,Altmetrics工具跟踪监测的数据源繁杂而稀疏,使用的指标体系也不统一,而且只采集阅读、下载和提及等底层数据指标,因而存在指标浅层、繁杂、采集和标准化困难、影响区域及类

型的覆盖范围不完整、方法偏见及缺乏质量控制等问题,对排名游戏规则比较敏感和易变,容易导致滥用①。

(一)学术社交网络的兴起

2008年以来,诞生了一系列学术社交网络,其中最著名的要属Academia.edu、Mendeley和ResearchGate。随着越来越多的高校研究人员通过学术社交网络查找、过滤、阅读和分享学术论文和学术资源,扩展了学术交流范围的同时,也改变了学术实践的形态。这些学术社交网络支持学者在线发布、分享、整理和推荐研究论文,比采用传统出版和数据库存储的学术交流方式更加快捷和有效,已经成为传统学术交流模式的一种重要补充。目前全球有超过七千万学者注册使用学术社交网络,在线分享了数亿篇研究论文。以高校用户最为活跃的ResearchGate为例,截止到2020年7月25日,有40.9万中国"双一流"建设高校的注册用户,贡献了256.2万篇论文。2020年世界大学学术排名前10的高校中有15.8万注册用户,贡献了226.2万篇论文。可见,学术社交网络已经成为国内外高校学术交流和科研影响的一个重要场所,但文献计量学未考虑学术社交网络数据,难以全面反映高校的科研影响力。近期电子出版、开放获取和社交媒体的兴起,替代计量学(Altmetrics)成为文献计量学的重要补充,但尚未形成完善的高校机构层级的评价指标体系。因此,构建新的基于学术社交网络的高校科研影响力评价标准和方法,能够补充和完善文献计量学和Altmetrics面对学术社交网络的不足,以适应学术交流模式新的发展,为全面了解和评价学术社交网络中高校的科研影响力提供新的计量学标准和方法支持。

(二)应对策略

1. 调查国内外重要大学研究人员及研究成果在学术社交网络中的覆盖面及使用情况

学术社交网络是专门针对科研人员的社交网络站点,支持高校学

---

① Thelwall M.. The Pros and Cons of the Use of Altmetrics in Research Assessment [J]. Scholarly Assessment Reports, 2020, 2(1):2.

者在线分享个人研究成果,促进学术交流,提高科研影响力。因此,学术社交网络是研究高校科研影响力的重要依据,但目前它对高校科研人员及科研成果的覆盖面,以及高校参与的程度、态度和动机等方面的情况需要更进一步的了解,以确定利用学术社交网络数据评价其科研影响力是否可行。因此,我们需要调研国内外重要大学研究人员及其研究成果在 ResearchGate、Mendeley 和 Academia.edu 等国际学术社交网络中的覆盖面及使用情况,以及高校用户参与学术社交网络的动机、态度和意向,检验和预测其作为高校科研影响力计量评价数据来源的必要性和可行性。据一些调查研究结果显示,相比机构资源库而言,学者们更倾向于将其论文上传到学术社交网络中,分享最终的手稿而不是被接受的手稿,通过学术社交网络托管开放获取论文以获得更高的引用率。[1]

2. 构建基于学术社交网络的高校科研影响力计量评价指标体系

虽然国内外众多一流高校均积极参与学术社交网络的科研成果分享与学术交流活动,但目前仍欠缺一个比较系统的基于学术社交网络的机构层级的科研影响评价标准。Altmetrics 涉及部分学术社交网络指标,但只选择一两个总体分数,无法深入揭示学术社交网络中高校体现出来的科研影响力。因此,在学术社交网络使用及交流数据的基础上,构建全面的基于学术社交网络的高校科研影响力评价指标体系和方法,能够系统描述国内高校在其中体现出来的国际科研影响力。

高校在学术社交网络中的使用和出版物数据能否反映现有的学术层次,它们能否从中受益或失去机会的研究受到关注。一些研究结果表明,学术社交网络统计数据指标排名和其他学术机构排名之间具有较强的相关性,表明学术社交网络的使用数据广泛地反映了学术资源的传统分布[2]。首先,高校发表的论文数量和引用指标已经无法反映

---

[1] Jordan K.. From Social Networks to Publishing Platforms: A Review of the History and Scholarship of Academic Social Network Sites [J]. Frontiers in Digital Humanities, 2019, 6:5.
[2] Thelwall M., Kousha K.. ResearchGate Articles: Age, Discipline, Audience Size, and Impact [C]. Association for Information Science and Technology, 2017, 68(2):468 - 479.

高校科学影响的全部信息,学术社交网络中高校的学术交流数据,有可能产生新的科学影响评价指标,可以更全面、更系统地反映高校多维度的科学影响力。其次,传统的基于文献计量学的科学评价标准和方法由于忽略科学影响的关系动力学特征而受到批判,因为它只能考虑文献结点之间的学术影响,而无法考虑社会影响。学术社交网络数据能够同时表现高校之间形成的在线学术网络和社会网络,而且能够体现出结点在网络中不同位置表现出来的不同影响力强度。因此,构建基于学术社交网络的高校科研影响力的评价标准和方法,能够为更加全面、更加科学、更加合理地测评我国"双一流"建设高校的国际科学影响力提供测量工具和评价方法。

设计基于学术社交网络的高校机构层级的科研影响力计量评价指标体系,并分析它和传统指标体系之间的相关性,验证其有效性,可以为评价高校机构在学术社交网络中体现的科研影响力提供科学合理的计量评价标准和方法。我们需要在文献计量学和Altmetrics研究成果的基础上,深入调研国际主流学术社交网络中的学术交流机制及其生成的使用、合作和影响等底层数据,设计和开发基于学术社交网络的高等教育机构层级的科研影响力计量评价指标体系,并在此基础上采集样本高校数据,通过主成分分析检验其信效度,剔除冗余指标和提炼更高层级的计量评价指标,再进一步探讨它们与传统高校科研影响力排名系统指标之间的相关性,以检验其作为高校科研影响力补充计量评价指标的可行性和有效性。

3. 学术社交网络中高校科研影响力的社会网络分析

学术社交网络是专门针对学术界的社交网络媒体,除了提供使用、提及、出版和引用等数据信息,其网络结构还为科学影响评价提供了新的可能性。传统文献计量学方法主要使用基于引用的评价标准,不考虑施引方权重的差异性,而且忽略科学影响的关系动力学特征而受到质疑。学术社交网络能够更精确地识别其中高校的角色位置和角色身份。从社会网络分析的视角,探讨高校机构结点在学术社交网络中的中心性等位置指标对其相关计量指标权重的动态影响,能够分析研究人员在学术社交网络中的互动,生成科学影响力的新指标,而且基于社会网络分析的关系学方法可以增强科学影响评估的丰富性和差异性。霍夫曼(Hoffmann)和鲁茨(Lutz)等人对瑞士公立大学的55位学者在 ResearchGate 中的链接网络进行了抽样研究,对社会网络分析指标和文献计量学指标之间的关系进行了探讨,发现活跃的参与者显示出更高的网络中心性,中心性与其出版物的下载数量以及文献计量学的影响力分数之间呈正相关[1]。而且,学术社交网络有助于实现对学术交流计量指标权重和含义更科学合理的分析:利用出入度、中心性等网络位置指标和 PageRank 等排名算法,对高校结点在学术社交网络中知识交流的表现进行分析,考虑给不同结点的使用和影响指标赋予不同的权重,从而提高对高校科研影响力进行计量评价的科学化和合理化。

4. 国内外样本高校科研影响力的计量评价与比较研究

高等教育全球化的今天,高等教育的竞争日益激烈,各国政府均制定了相应的政策举措,以建设具有较强竞争力的世界一流大学,提高自己在世界高等教育版图中的地位。首先,研究世界大学排名的理论、方法和技术,能够为我国高等教育政策的制定者和大学领导者提供决策信息。其次,我国制定出台的《统筹推进世界一流大学和一流学科建设实施办法(暂行)》[2],目前已经进入全面启动和实施阶段,双一流建设的成效和评估目前没有成熟的标准和方法,大学排名研究的理论与方法能够为我们构建双一流建设成效的评估模式提供一些经验。再次,各国高等教育有其特定的文化传统,除了参考国际大学排名比较研究,还有必要构建国内一流大学和一流专业排名系统,以符合中国高等教育的特色。最后,在信息化环境下,大学的学术影响力

---

[1] Hoffmann C. P., Lutz C., Meckel M.. Hoffmann C. P., Lutz C., Meckel M.. Impact Factor 2.0: Applying Social Network Analysis to Scientific Impact Assessment [C]//2014 47th Hawaii international conference on system sciences. IEEE, 2014:1576-1585.

[2] 关于印发《统筹推进世界一流大学和一流学科建设实施办法(暂行)》的通知[EB/OL]. [2023-02-03]. http://www.gov.cn/xinwen/2017-01/27/content_5163903.htm#allContent.

已经辐射到互联网中,如何评价中国高校,尤其是双一流建设高校及其学科基于社交媒体、学术社交网络等网络技术环境下的影响力,并将其作为排名指标体系的一部分,将是丰富大学排名研究的重要组成部分。因此,我们可以利用设计的指标体系和学术社交网络数据,全面评价和比较国内外样本高校在学术社交网络中表现出来的科研影响力,弥补传统文献计量学和 Altmetrics 评价指标面对学术社交网络的不足,并在评价和比较结果的基础上为提高中国高校科研的国际影响力提供对策建议,为评价国内高校学术贡献和提升其科研的国际影响力提供依据,为我国创办世界一流大学提供参考。

四、小结

总之,科研影响力的测量与评价是全球大学排名的重要组成部分,不同的时代具有不同的学术交流方式。从历史经验来看,学术交流模式先后经历了社团和沙龙式、学术出版式、电子出版和数据库式[①]。目前全球大学排名系统中使用的科研影响力评价指标体系主要是文献计量学标准和方法,立足于基于传统学术出版和电子文献数据库的学术交流方式。近年来,学术资源开放访问运动及社交媒体在学术圈的普遍应用,在一定程度上扩展了传统的学术交流方式,相应地也发展出替代计量学方法,作为文献计量学的重要补充。当前,学术社交网络的兴起和广泛应用,为高校学术交流及社会交流提供了新的数据来源和社会网络结构,有必要在此基础上进一步挖掘新的科研影响力计量评价指标体系和方法。

设计和开发基于学术社交网络的高校机构层级的科研影响力计量评价标准和方法,能够弥补文献计量学和 Altmetrics 在评价学术社交网络中高校科研影响力方面的不足,可以适应学术交流模式新的发展,为评价高校机构在学术社交网络中体现的科研影响力提供计量学

---

① Cronin B.. Hyperauthorship: A Postmodern Perversion or Evidence of a Structural Shift in Scholarly Communication Practices?[J]. Journal of the American Society for Information Science and Technology, 2001, 52(7):558 - 569.

工具和方法。而且,我们可以采集和挖掘国内外样本高校学术社交网络使用数据,评价中国高校在其中体现的科研影响力并进行国内外比较研究,从而为全面了解中国高校科研的国际影响力,提升中国高校科研实力和推动世界一流大学建设提供依据。

构建基于学术社交网络的高校科研影响力计量评价标准和方法,也不可避免地面临一些难题。首先,数据的采集与处理需要掌握一定的数据挖掘、数据库和算法的知识与技能。其次,各种类型的学术交流网络和社交网络的识别、挖掘和可视化表达涉及多种聚类算法和可视化技术,在技术实现上具有一定的难度。最后,对基于学术社交网络的高校科研影响力进行评价时,应该使用哪些评价指标和排序分析算法,以及权重的设置标准,目前没有成熟的相关研究可供参考,而且要保证这些算法、指标和权重的信度和效度也具有较大的难度。

第二节　本研究概况

本研究在当前高等教育国际化和全球大学排名兴起的时代背景下,调研和揭示国内外高校研究人员及其研究成果在 ResearchGate 等国际学术社交网络中的覆盖及使用情况,检验和预测其作为高校科研影响计量评价工具的可行性和有效性;设计基于学术社交网络的高校机构层级的科研影响评价指标体系,并分析它和传统指标体系之间的相关性,验证其有效性,为评价高校在社交网络媒体中体现的科研影响力提供科学合理的计量评价标准和方法;从社会网络分析的视角,探讨高校机构结点在学术社交网络中的中心性等位置指标对其相关评价指标权重的影响,实现对学术社交网络计量指标权重和含义更科学合理的分析;利用设计的指标体系对国内外样本高校科研影响力进行测量、评价和比较研究,了解国内高校在国际上的科研影响力,为评价国内高校学术贡献和提升其科研的国际影响力提供依据。

一、学术价值和应用价值

（一）学术价值

本研究致力于构建基于学术社交网络的高等教育机构层级的科研影响力评价指标体系，完善传统的引用指标和 Altmetrics 指标在机构层级科研影响力评价方面的不足；加强对学术社交网络数据的深度挖掘与各指标内外的相关性分析，解决 Altmetrics 指标繁杂、浅层、冗余及内外效度不足等问题；引入社会网络分析方法及社会关系动力学理论，考虑网络结点不同位置和科研合作与交流对指标权重的影响，解决引用指标和 Altmetrics 指标静态化和平均化等问题。

（二）应用价值

本研究聚焦专门的学术社交网络，设计统一的基于学术社交网络的高校科研影响力评价标准，为科学、公平、合理地评价中国高校在国际学术社交网络中体现的科研影响力提供评价标准和方法，并利用学术社交网络中中国高校学者及其科研成果的交流和使用数据，对中国高校科研在学术社交网络中体现的国际影响力进行评价，为全面了解中国高校科研的国际影响力，提升中国高校科研实力和推动世界一流大学建设提供依据。

二、研究内容

（一）研究对象

本课题的研究对象是基于学术社交网络的高校机构层级的科研影响力计量评价标准和方法。在基于传统文献计量学的高校科研评价指标体系和 Altmetrics 研究的基础上，设计和开发基于学术社交网络的高校科研影响力计量评价指标体系，对其有效性、信度和效度进行检验和完善，并利用设计的指标体系对样本高校的科研影响力进行评价和国内外比较。

（二）总体框架

本课题致力于基于学术社交网络的高校科研影响力计量评价标准的设计、开发、检验和应用，总体上从高校使用学术社交网络的数据来源、高校科研影响力计量评价数据指标、计量统计分析方法和研究成果提炼总结四个方面展开，研究总体框架如图1.1所示。

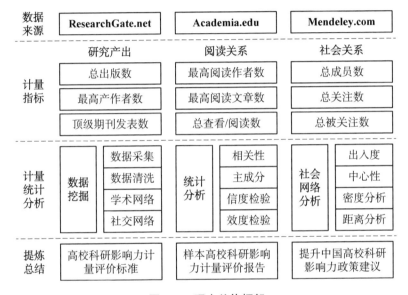

图1.1 研究总体框架

1. 高校科研影响力计量评价标准和方法研究现状

对传统的基于文献计量学和近期基于网络媒体使用的Altmetrics科研影响力评价指标体系的贡献和不足进行深入分析。学术社交网络已经成为学术交流的重要场所，文献计量学不考虑网络影响，而Altmetrics从众多社交媒体（包括部分学术社交网络）和新闻媒体中采集一两个总体数据的做法无法全面深入地评价高校在学术社交网络中的科研影响力。但是，这些研究为基于学术社交网络的高校科研影响力评价标准和方法的研究奠定了基础。

2. 高校使用学术社交网络状况调研

通过数据采集与分析，了解学术社交网络中国内外高校学者及其研究成果的覆盖情况,检验其作为高校科研影响力计量评价数据来源的必要性和可行性,分析和比较国内外高校及其学者使用学术社交网络进行科学和社会交流的动机、态度和行为等方面的异同。

3. 基于学术社交网络的高校科研影响力计量评价指标体系

在文献计量学和 Altmetrics 研究成果的基础上,深入调研国际主流学术社交网络的学术交流运行机制及其生成的使用、合作和影响等底层数据,设计和开发基于学术社交网络的高等教育机构层级的科研影响力评价指标体系。采集样本高校数据,与传统的高校科研影响力排名系统指标数据进行相关性分析和主成分分析,检验其信效度,剔除冗余指标和提炼更高层级的评价指标。

4. 学术社交网络中高校科研影响力的社会网络分析

传统的基于引用影响的学术网络不考虑施引方权重的差异性而受到质疑。在线学术社交网络能够更精确地识别学术交流和社会交互中高校的角色位置和角色身份。本研究利用出入度、中心性等网络位置指标和 PageRank 等排名算法,对高校结点在学术社交网络知识交流中的表现进行分析,给不同的使用和影响指标赋予不同的权重,从而提高对高校进行学术影响评价的科学性和合理性。

5. 国内外样本高校科研影响力的计量评价与比较研究

本研究利用设计的指标体系和学术社交网络数据,全面评价和比较国内外样本高校在学术社交网络中表现出来的科研影响力,弥补传统文献计量学和 Altmetrics 评价指标面对学术社交网络的不足,并在评价和比较结果的基础上为提高中国高校科研的国际影响力提供对策建议,为我国创办世界一流大学提供参考。

(三) 课题研究的重点难点

1. 研究重点

(1) 基于学术社交网络的高校机构层级科研影响力计量评价的重要性和可行性

学术社交网络是专门针对科研人员的社交网络站点,支持高校学者在线分享个人研究成果,可以促进学术交流,提高科学研究的影响力。因此,学术社交网络是研究高校科研影响力的重要依据。但目前学术社交网络对高校科研人员及科研成果的覆盖面,以及高校参与的程度、态度和动机等方面的情况需要更进一步的了解,以确定利用学术社交网络数据评价其科研影响力是否可行。

(2) 构建基于学术社交网络的高校科研影响力计量评价指标体系

虽然国内外众多一流高校均积极参与学术社交网络的科研成果分享与学术交流活动,但目前仍欠缺一个比较系统的基于学术社交网络的机构层级的科研影响评价标准。Altmetrics 涉及部分学术社交网络指标,但只选择一两个总体分数,无法深入揭示学术社交网络中高校体现出来的科研影响力。因此在学术社交网络使用及交流数据的基础上,构建全面的基于学术社交网络的高校科研影响力评价指标体系和方法,能够系统描述国内高校在其中体现出来的国际科研影响力。

(3) 国内外样本高校科研影响力的计量评价与比较

利用设计的评价指标体系,对国内外一流高校基于学术社交网络的科研影响力进行计量评价和比较研究,可以了解国内高校在国际上的科研影响力,为评价国内高校学术贡献和提升其科研的国际影响力提供依据。

2. 研究难点

(1) 技术问题

首先,数据的采集与处理需要掌握一定的数据挖掘、数据库和算法知识与技能;其次,各种类型的学术交流网络和社交网络的识别、挖掘和可视化表达涉及多种聚类算法和可视化技术,在技术实现上具有一定的难度。

(2) 科研影响力评价的计量学指标和算法设计

对基于学术社交网络的高校科研影响力进行评价时,应该使用哪些计量评价指标和分析算法,以及权重的设置标准,目前没有成熟的相关研究可供参考,而且对于保证这些算法、指标和权重的信效度具有较大的难度。

三、思路方法

（一）基本思路

本研究的基本思路如图 1.2 所示。首先，我们将基于国际主流大学排名系统历年发布的数据，选取样本高校，并通过学术社交网络和 Altmetrics 等平台的开放应用程序接口（API）或 Python 网络爬虫程序，从主流学术社交网络中获取这些样本高校的学者、论文以及它们的使用、提及、分享和交互等数据，并经过数据清洗后入库数据库进行统一管理。其次，在文献计量学和 Altmetrics 理论及方法研究的基础上，设计基于学术社交网络的高校科研影响力计量评价指标体系，在此基础上使用样本高校数据通过相关分析和主成分因子分析等统计分析方法，检验指标体系的信效度，同时对国内外样本高校基于学术社交网络的科研影响力进行评价和比较研究。再次，使用社会网络分析方法，提取样本高校在学术社交网络中的网络中心性度量，并探讨这些度量指标与传统文献计量学指标之间的相关性，挖掘网络中心性指

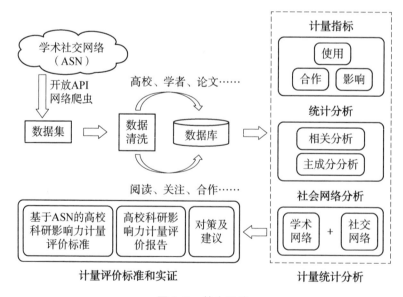

图 1.2　基本思路

标对于衡量高校在学术社交网络中的科学地位或科学影响的潜在价值,开发新的高校科研影响力测评指标。最后,在基于学术社交网络的高校科研影响力计量评价实证研究的基础上,提出提高我国"双一流"建设高校基于学术社交网络的科研影响力的对策建议,为我国创办世界一流大学提供参考。

(二) 研究方法

1. 数据采集、处理与挖掘

利用网络爬虫工具以及学术社交网络开放应用程序接口(API)采集样本高校、作者、论文、期刊和标签等结点数据,以及引用、合著、合作、关注和阅读等影响及关系数据,预计使用 Trificata Wrangler 和 Google Refine 等软件对初始数据进行降噪、标准化和完善等预处理,并使用 Clementin 和 Gephi 等工具挖掘数据中蕴含的文献网络、作者网络和知识交流网络。

2. 统计分析

本研究拟对获取的在线数据进行统计分析,比较国内外高校参与学术社交网络活动在动机、态度和行为等方面的异同,了解高校参与及其科研成果在学术社交网络中的覆盖情况,评估学术社交网络在高校科研影响力评价方面的价值与潜力。

3. 社会网络分析

学术社交网络中除了大量的高校机构、学者、论文、引用和合著等静态的结点和影响关系数据,同时还生成了大量动态的信息内容和社会关系。利用社会网络分析方法同时对这些动态数据和静态数据进行分析,一方面能够揭示出其中高校静态的学术影响,另一方面还能够探讨高校在动态的社会网络和知识交流网络中的位置,以及位置及关系对其科研影响力的影响。

4. 计量评价与比较研究

本研究设计基于学术社交网络的高校科研影响力评价指标体系,检验其信度和效度,剔除冗余指标,并在底层数据指标的基础上提取更高级指标因子。利用抽样方法抽取国内外样本高校,对其学术社交网络中的科研影响力进行评价,并进行国内外比较研究,可以了解我国高校,尤其是"双一流"建设高校基于学术社交网络的国际科研影响力状况,为提高我国高校科研的国际影响力提供对策建议。

第二章
学术交流的变革

基于文献计量学的正式学术交流历经数百年的缓慢发展,最近几十年来在线出版、开放获取,尤其是学术社交网络的出现,对学术交流环境和过程的变革超过了过去数百年的总和。同时,它们还改变了科学影响的评价方法,将对科学社会带来革命性影响。新环境下新的学术交流模式、理论和研究方法的构建迫在眉睫。本章分别以 Web of Science 核心数据库收录的学术交流和学术社交网络研究文献为基础,使用 CiteSpace 软件,对两个领域的关键研究文献、主题和聚类等方面进行共被引和共引分析,以揭示学术交流和学术社交网络研究的起源、现状、变革和未来发展趋势。可以说,学术社交网络开启了新一轮的学术交流变革,基于学术社交网络的知识交流及科研影响测评将是未来重要的研究方向之一。

第一节 学术交流研究的起源、现状和未来趋势

多年以来,图书馆是人类进行学术交流的主要场所,传统的学术交流主要体现在人与图书、人与文献以及文献与文献之间的交流关系上。但近几十年来,信息技术的发展,以及学术资源的开放访问,直到社交媒体和网络的广泛应用,人类学术交流活动发生的场所得以扩展至在线虚拟空间,交流的模式也从"人—文献—人"的间接交流模式演化为"人—人"的直接交流模式。研究国际上重要学术刊物发表的学术

交流研究知识图谱、发展现状和未来发展趋势,对于我们进行学术交流研究具有重要的比较意义。

一、数据检索策略

我们选择 Web of Science 核心数据库作为文献检索来源,它提供了国际上重要学术交流研究文献的基本数据信息。不设时间限制,学科设置为"Information Science Library Science",从 SSCI、A&HCI 和 CPCI-SSH 等子数据库中检索到主题包含"knowledge communication"、"scholarly communication"和"scientific communication"等检索词的学术交流研究文献数据(包括引用文献列表)870 条,并选择它们用于数据分析。所有被引文献构成 870 篇学术交流研究文献的知识基础。我们使用 CiteSpace 软件对学术交流研究文献的发展趋势和现状进行可视化共引和共被引分析,揭示其知识基础和知识结构。

二、学术交流研究文献知识图谱分析

近 45 年来关于学术交流研究历年出版的文献数和引文数如图 2.1 所示。从中可以看出,1996 年以前,每年出版的学术交流研究文献和引文数都相对较少,但那以后,每年出版的相关文献数和引文数都以较快的速度上涨,1998 年以后每年出版文献数基本维持在 30

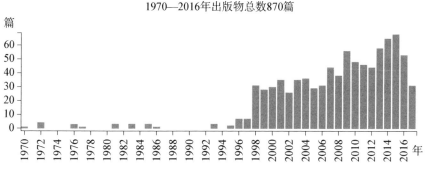

图2.1 学术交流研究历年出版文献数及引文数

篇以上。2014年以后，每年引文数都超过1000次，最近2年更是超过1200次。这说明近二十年来学界对学术交流研究的关注度急剧上升，对其相关研究和兴趣一直维持在一个较高的水平。

（一）重要文献分析

利用CiteSpace软件对Web of Science核心数据库收录的870条学术交流文献数据进行共被引分析（Cited Reference），时间阈值设置为1996年到2017年，时间区间设置为两年，选择所有时间分区最高引用的前2%，得到国际学术交流研究文献共被引分析图谱，如图2.2所示。它以形象直观的方式将学术交流研究领域最有影响力的文献及其关系可视化表现出来，可以帮助我们更好地理解学术交流研究的基本知识、概念和理论。图中用圆圈表示文献结点，结点大小表示文献的被引次数，结点之间连线的灰度表示两条文献首次共被引的时间。结点采用年轮结构的方式表示，灰度表示年份（对照图形顶部时间条灰度），年轮的厚度表示该年被引频次。外围有深色圆圈包围的结点表示该条文献具有较大的中介中心性，说明它们在学术交流研究发展过程中扮演了关键转折点的作用。中心深色填充的文献结点表示突发性较强，即引用量在某一时间段内突增，能够表示这一时期的研究热点。

1. 高引文献分析

一般具有较高引用次数的文献意味着得到了学界的认可。表2.1

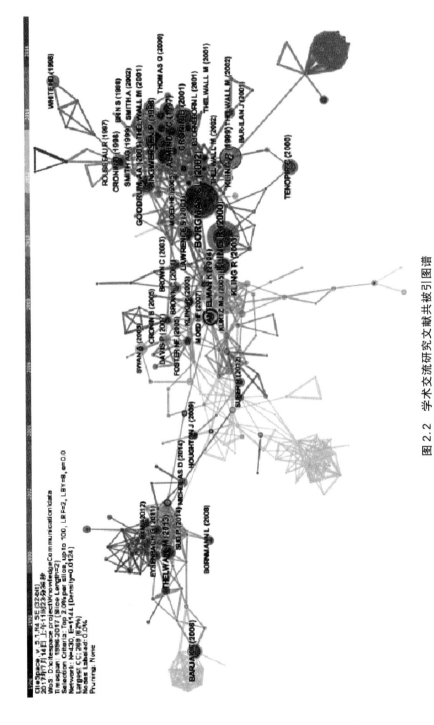

图 2.2 学术交流研究文献共被引图谱

列出了引用次数前11的文献,表明它们的质量、研究方法和观点得到了广泛认可。从表 2.1 可知,Borgman 等人 2001 年发表的论文"Scholarly Communication and Bibliometrics"引用频次最高,为 38 次。Borgman 于 1990 年就对文献计量学和学术交流之间交叉的研究和理论现状有过综合性的论述。但 10 年的时间,这两个领域均有了巨大的发展,于是他对 10 年来的研究再次进行了综述。2001 年以来,在线学术交流的普遍化见证了学者们使用在线的方式进行非正式交流所发生的量表和质变,他们能够同时进行本地和远程协作,发布和传播研究成果,以及建立作品之间的联系。他们能够通过网络信息系统讨论、写作、分享和寻求信息,学术活动的周期正整合为一个连续的循环过程。因此,信息技术导致学术交流过程中人的行为、学术交流基础设施发生了巨大的改变。文献计量学为研究学术交流结构和过程提供了强大的方法和工具,而信息技术加强了它的定量和定性研究方法,因为生成和聚集了更多的文本、链接和其他数据,为评价学术影响提供了更多的计量学标准和方法。电子出版物不再是静止的人工制品,而是动态生成的,并且具有社会生命。[1]

表 2.1 学术交流高引文献

排序	频率	作者	年	标题	来源出版物
1	38	Borgman C. L.	2002	Scholarly Communication and Bibliometrics	Annual Review of Information Science & Technology
2	33	Kling R.	2000	Not just a Matter of Time: Field Differences and the Shaping of Electronic Media in Supporting Scientific Communication	Journal of the American Society for Information Science

---

[1] Borgman C. L., Furner Jonathan.. Scholarly Communication and Bibliometrics [J]. Annual Review of Information Science & Technology, 2010, 36(1):2-72.

续表

排序	频率	作者	年	标题	来源出版物
3	21	Ingwersen P.	1998	The Calculation of Web Impact Factors	Journal of Documentation
4	21	Cronin B.	2001	Bibliometrics and beyond: Some Thoughts on Web-based Citation Analysis	Journal of Information Science
5	21	Kling R.	1999	Scholarly Communication and the Continuum of Electronic Publishing	Journal of the American Society for Information Science
6	20	Almind T. C.	1997	Informetric Analyses on the World Wide Web: Methodological Approaches to 'Webometrics'	Journal of Documentation
7	19	Goodrum A. A.	2001	Scholarly Publishing in the Internet Age: A Citation Analysis of Computer Science Literature	Information Processing & Management
8	19	Kling R.	2003	Electronic Journals, the Internet, and Scholarly Communication	Annual Review of Information Science & Technology
9	18	Harter S. P.	1998	Scholarly Communication and Electronic Journals: An Impact Study	Journal of the Association for Information Science and Technology
10	17	Lawrence S.	2001	Free Online Availability Substantially Increases A Paper's Impact	Nature
11	17	Smith A. G.	1999	A Tale of Two Web Spaces: Comparing Sites Using Web Impact Factors	Journal of Documentation

Kling R. 等人 2000 年发表的论文"Not just a Matter of Time: Field Differences and the Shaping of Electronic Media in Supporting Scientific

Communication"引用频次排第二位。该文对使用电子媒体进行学术交流的转变进行了讨论,认为虽然这一变化趋势不可避免。但相对不同的学科而言,这种发展并不平衡,不同学科领域同时在纸质和电子出版领域发展出不同的交流论坛,而且这些论坛在其中扮演了不同的角色。他们指出这种发展不是简单地因为采纳时间的不同而形成的发展阶段的不同。技术的社会形成理论能够帮助我们识别重要的社会力量:围绕信任和合法交流的学科建构。因此,他们认为学术交流的学科差异是长久存在的,并不会因为时间而消失,即使所有学科对信息交流技术的使用都在增加,他们对数字化交流论坛的使用和意义仍会存在差异。[1]

Ingwersen P. 的论文"The Calculation of Web Impact Factors"的引用频次排第三位。这是一份案例研究报告,主要对网络影响因素的可行性和可靠性进行了调查,也称为 Web 影响因子。他们通过为期一个月的网络快照方式,分析了七个中小型国家、四个大型网络和六个机构网站,然后对数据进行了分离和计算,结果显示国家和行业领域网络具有较高的可信度,而机构网络影响因子则需要谨慎对待。[2]

Cronin B. 等人的论文"Bibliometrics and Beyond:Some Thoughts on Web-based Citation Analysis"指出,随着科学出版开始面向网络,建立了一些新的科学交流和同行评议方法,而且会出现一些新的引用和链接方式,以获得同行尊重、影响和认可。因此,网络为文献计量学家提供了将其技术进行应用和改编,以适应新的情境和内容的机会,这将使得"文献计量学频谱时代"的到来。[3]

Kling R. 等人的论文"Scholarly Communication and the Continuum

---

[1] Kling R., Mckim G.. Not just a Matter of Time: Field Differences and the Shaping of Electronic Media in Supporting Scientific Communication [J]. Journal of the American Society for Information Science, 2000,51(14):1306-1320.
[2] Ingwersen P.. The Calculation of Web Impact Factors [J]. Journal of Documentation, 1998, 54(2):236-243.
[3] Cronin B.. Bibliometrics and Beyond: Some Thoughts on Web-based Citation Analysis [J]. Journal of Information Science, 2001,27(1):1-7.

of Electronic Publishing"指出,各种电子期刊和网络数据库等新的电子出版机会,打破了某些领域传统合法学术出版性质的规范,但很多文献都只关注电子出版和传统出版的同质性,而经常忽略其差异性。该文提供了一种评估学科常规和提出电子学术出版政策的分析方法,将学术出版的三个维度(公共性、可访问性和可信度)描述为一种交流实践,并使用此框架对多种形式的纸质和电子出版物进行了审查。分析结果显示电子出版不是简单地大幅度扩展了访问权限,还表明同行评审(无论是纸质的还是电子的)是如何为学术交流提供宝贵功能的,这并没有被电子媒体中的自我发表论文有效取代。[1]

Almind T. C. 等人提供了一个 WWW 信息计量分析的可行方法,他们以丹麦为案例,详细描述了一些具体的信息计量分析参数,并与通常的 ISI 引用数据库的文献计量方法进行比较,发现丹麦与其他北欧国家相比在网络上的可见度方面严重落后于其在科学数据库中的位置。[2] 此外,Goodrum A. A. 等人认为网络改变了整个学术交流的过程和研究者交换信息的方式,他们对计算机领域基于自动引用索引(ACI)的网络文献和 ISI 索引期刊文献的引用分析进行了比较,希望能够识别更多的处理信息传播和引用实践的计算机学科研究领域,以及能够将利用基于 Web 的自动引用索引作为传统商业索引的一个补充。[3] Kling R. 等人对电子期刊在学术交流中的作用和应用进行了分析和实证研究,指出应用研究应该对出现的构想或问题框架及时给予回应。电子出版于 20 世纪 90 年代崛起,其主导形式发生了三次转型,分别为邮件列表、纯电子期刊和打印+电子期刊混合形式,但研究领域对这些重要的快速改变没有给予足够的重视,需要加强对其动态性

---

[1] Kling R., McKim G.. Scholarly Communication and the Continuum of Electronic Publishing [J]. Journal of the American Society for Information Science, 1999,50(10):890-906.

[2] Almind T. C., Ingwersen P.. Informetric Analyses on the World Wide Web: Methodological Approaches to 'Webometrics' [J]. Journal of Documentation, 1997,53(4):404-426.

[3] Goodrum A. A., Mccain K. W., Lawrence S., et al.. Scholarly Publishing in the Internet Age: A Citation Analysis of Computer Science Literature [J]. Information Processing & Management, 2001,37(5):661-675.

和基于时间依赖的理论理解。①

Harter S. P. 等人对电子期刊在其生命的早期阶段对学术社区的影响进行了探讨,主要围绕电子期刊对学术关系、研究和知识发展产生了什么影响等方面展开了讨论,从当时的数据来看,电子期刊的作者和读者规模还不足以对知识发展产生巨大的影响。② Lawrence S. 等人认为,科学文献的数量已经大大超过了科学家识别和使用信息的能力,学术资源查找和定位的能力将促进和提高学术交流和科学进步。他们通过统计分析,发现学术论文提供在线免费访问的机会能够提高论文的引用率,因此更易于获取的论文倾向于具有更高的影响力。③ Smith A. G. 对利用网络影响因子(WIF)评价网络空间的相对吸引力和影响力的手段进行了研究,他使用 AltaVista 搜索引擎确定指向网络空间的网页和链接数,发现 WIF 能够作为一种测量网络空间影响的有用工具。④

2. 突现引文分析

突现引用是指一篇文献在某段时间内引用率突然上升或下降的现象,表示某一特定研究主题突然变热或变冷。利用 CiteSpace 对学术交流研究文献进行突发性分析,结果如表 2.2 所示。Kling R. (2000)、Borgman C. L. (2002)、Almind T. C. (1997)、Ingwersen P. (1998)、Cronin B. (2001)、Thelwall M. (2013)、Bjorneborn L. (2002) 和 Antelman K. (2007)等文献的突发性较强,表明这些研究成果在学术交流研究主题的转向方面扮演了比较关键的作用。2001 年到 2005 年期间,Almind T. C. (1997)、Ingwersen P. (1998)、Cronin B. (2001)和

---

① Kling R. , Callahan E. . Electronic Journals, the Internet, and Scholarly Communication [J]. Annual Review of Information Science & Technology, 2003,37(1):127 – 177.
② Harter S. P. . Scholarly Communication and Electronic Journals: An Impact Study [J]. Journal of the Association for Information Science and Technology, 1998,49(6):507 – 516.
③ Lawrence S. . Free Online Availability Substantially Increases A Paper's Impact [J]. Nature, 2001,411(6837):521.
④ Smith A. G. . A Tale of Two Web Spaces: Comparing Sites Using Web Impact Factors. [J]. Journal of Documentation, 1999,55(5):577 – 592.

表 2.2 学术交流突现引文

References	Strength	Begin	End	1996—2017
Kling R., 2000, J. Am Soc Inform Sci, V51, P1306, Doi	12.380 1	2002	2007	
Borgman C. L., 2002, Annu Rev Inform Sci, V36, P3	9.299 2	2003	2010	
Almind T. C. 1997, J. Doc, V53, P404, Doi	8.212 6	2001	2005	
Ingwersen P., 1998, J. Doc, V54, P236, Doi	7.690 5	2001	2006	
Cronin B., 2001, J. Inform Sci, V27, P1	7.690 5	2001	2006	
Thelwall M., 2013, Plos One, V8, P, Doi	7.393 4	2014	2017	
Bjorneborn L., 2001, Scientometrics, V50, P65, Doi[12]	6.930 7	2002	2005	
Antelman K., 2004, Coll Res Libr, V65, P372	6.622 2	2007	2011	

Bjorneborn L.(2002)等文献引用量突现,这几篇论文均是关于网络计量学方面的。网络计量学作为一个新的研究领域,始于20世纪90年代,他们主要使用现代信息计量学方法研究网络的本质和属性,在文献计量学方法和数据库引用的基础上,提出了网络影响因子(Web-IF)和网络引用等概念和研究问题,说明网络计量学是2001年到2005年期间的一个研究热点。2006年到2010年期间,Kling R.(2000)、Borgman C. L.(2002)和Antelman K.(2007)等文献的引用率突现,这几篇论文的研究内容主要是关于电子出版和开放访问等新的学术出版方式对学术交流和文献计量学的影响,说明这一主题是当时的研究前沿和热点问题。2010年以后,尤其是2014年以后,各种社交媒体在

学术圈广泛应用,以及 ResearchGate 等大规模在线学术社交网络的涌现,基于学术社交网络的学术交流成为新的研究前沿。Thelwall M. (2013)在最近两三年内引用率突现,他主要对利用社交网络媒体替代文献计量学(Altmetric)评价研究文献影响或效用的有效性进行了探讨。

3. 高中心性引文分析

结点中心性是一种图形理论属性,表示结点位置在网络中重要性的一种量化,通常使用中介中心性测量一个文献共被引网络中最短路径经过某一结点的概率。高中介中心性的文献结点能够起到衔接不同聚类的作用,帮助识别和发现不同的聚类(Chen,2006)。如表 2.3 所示,文献 Moed H. F. (2007)的中介中心性最高(0.26),对开放访问对论文引用的影响效果进行了统计分析。他们选择对是否预先在 ArXiv 数据库中发布的凝聚态物理学论文,然后在相同科学刊物上发表的论文引用数量进行比较,以预测"更早可见"和"质量偏差"等属性关系对论文纵向引用数据的影响,从而发现 ArXiv 能够促进论文的引用和加速学术交流,这主要是因为其能够使论文更早地被访问,而不是使论文免费。[①] 此外,Vaughan L. 和 Shaw D. (2005)对四个学科领域的期刊论文的网络引用次数和类型进行了调研,发现所有学科中大约有 30%的网络引用显示出学术影响,获得更高网络引用数百分比的期刊也显示出更高的学术影响,WoS 和谷歌学术中的网络引用量之间存在显著的相关性,网络引用数要高于 WoS 引用数,表明网络搜索能够对论文影响进行更早和更细致的评估,同时也指出网络引用本身的稳定性还有争论。[②] Priem J. 等(2012)指出越来越多的学者使用社交媒体工具进行专业交流,它们在线和公开的特性能够揭示隐藏和短暂的学

---

① Moed H. F.. The Effect of "Open Access" on Citation Impact: An Analysis of ArXiv's Condensed Matter Section [J]. Journal of the American Society for Information Science & Technology, 2006, 58(13):2047-2054.

② Vaughan L., Shaw D.. Web Citation Data for Impact Assessment: A Comparison of Four Science Disciplines [J]. Journal of the American Society for Information Science & Technology, 2005, 56(10):1075-1087.

术过程。这种基于在线社交活动的指标能够提供更广泛和更快捷的影响测量方法,它们和传统引用指标之间存在相关性,但同时又能表现不同方面的影响,能够作为传统引用指标的补充。[1] Skeels M. M. 和 Grudin J. (2009)指出专业人士使用社交网络软件正急剧增加,他们使用调查和访谈等方法调查了用户使用的态度与行为,发现存在广泛的社会和工作使用,其复杂的使用模式因软件系统和网龄而有所不同。[2] Kling R. 和 McKim G. (1999)主要对电子出版对学术交流的影响进行了探讨,发现二者之间的关系是松散耦合的,而不是强烈的相关。[3] Bjork B. C. 等(2010)指出研究论文的开放访问日益普遍,并对不同学科论文的开放访问情况进行了统计分析,发现开放访问促进了科学文献的可获取性,但同时存在巨大的学科差异。[4] Creaser C. 等(2010)对学术作者关于开放访问数据库的意识、态度与使用影响因素进行了调查,发现虽然大家对开放访问具有很好的理解和认识,但他们的理解和动机具有明显的学科背景差异。[5] Covi L. M. (1999)认为由于数字图书馆访问的增加,知识工作者将改变工作的重要特征。该研究对这一问题进行了调研,发现在某一特定的时间点上,"材料掌握"和使用特定数字图书馆的特征之间的匹配可以解释其使用模式。[6]

---

[1] Priem J., Piwowar H. A., Hemminger B. M.. Altmetrics in the Wild: Using Social Media to Explore Scholarly Impact [J]. Computer Science, 2012.

[2] Skeels M. M., Grudin J.. When Social Networks Cross Boundaries: A Case Study of Workplace Use of Facebook and Linkedin [C]//ACM 2009 International Conference on Supporting Group Work. DBLP, 2009:95 - 104.

[3] Kling R., McKim G.. Scholarly Communication and the Continuum of Electronic Publishing [J]. Journal of the American Society for Information Science, 1999,50(10):890 - 906.

[4] Björk B. C., Welling P., Laakso M., et al.. Open Access to the Scientific Journal Literature: Situation 2009[J]. PloS one, 2010,5(6):e11273.

[5] Creaser C., Fry J., Greenwood H., et al.. Authors' Awareness and Attitudes toward Open Access Repositories [J]. New Review of Academic Librarianship, 2010,16(S1):145 - 161.

[6] Covi L. M.. Material Mastery: Situating Digital Library Use in University Research Practices [J]. Information Processing & Management, 1999,35(3):293 - 316.

表2.3　学术交流研究高中介中心性文献

排序	中介中心性	作者(第一)	年	标题	来源
1	0.26	Moed H. F.	2007	The Effect of "Open Access" on Citation Impact: An Analysis of ArXiv's Condensed Matter Section	Journal of the American Society for Information Science & Technology
2	0.21	Vaughan L.	2005	Web Citation Data for Impact Assessment: A Comparison of Four Science Disciplines	Journal of the American Society for Information Science & Technology
3	0.12	Hemminger B. M.	2012	Altmetrics in the Wild: Using Social Media to Explore Scholarly Impact	Computer Science
4	0.12	Skeels M. M.	2009	When Social Networks Cross Boundaries: A Case Study of Workplace Use of Facebook and Linkedin	ACM 2009 International Conference on Supporting Group Work
5	0.11	Kling R.	1999	Scholarly Communication and the Continuum of Electronic Publishing	arXiv preprint
6	0.11	Bjork B. C.	2010	Open Access to the Scientific Journal Literature: Situation 2009	Plos One
7	0.1	Creaser C.	2010	Authors' Awareness and Attitudes toward Open Access Repositories	New Review of Academic Librarianship
8	0.1	Covi L. M.	1999	Material Mastery: Situating Digital Library Use in University Research Practices	Information Processing & Management

通过对近期高引用率、高突现率和高中介中心性文献的研究和分析，可以挖掘出国际上学术交流研究领域最有影响力的文献，影响该研究领域重要转向的文献，以及衔接学术交流不同研究聚类的关键结点。因此，我们通过文献共被引分析，比较形象地揭示出学术交流研究发展的来源、知识基础、发展脉络以及重要研究领域。传统的学术交流是以文献计量学为基础的，这种正式的学术交流系统已经存在了数百年的时间，而且多年以来一直发展缓慢。近二三十年来，电子出版、开放访问和在线交流技术在学术交流中的广泛应用，使得学术交流的形式更为复杂和多样化，这对学术交流的过程和周期产生了革命性的影响。学者间的非正式交流也开始浮出水面，成为研究学术交流不可回避的一个问题。随着技术的进一步发展，使得大规模分布式数据采集、存档、分享和访问变得可行，为评价学术影响和学术交流提供了更丰富的数据信息和研究方法。电子出版和开放访问是对传统学术出版的重大变革，提高了知识的可获取性、学术交流和传播的时效性以及科学知识的民主性，不但促进了知识公平，而且提高了学术交流的效率，缩短了学术交流的过程周期。最近，随着社交媒体工具，尤其是学术社交网络在学术交流系统中的漫延，进一步扩展了学术交流的空间，而且提供了更加广泛的替代文献计量方式，越来越多的学者开始使用学术社交网络，形成了基于在线学术社交网络的学术交流大数据。对这些数据的有效分析与挖掘，能够更深入地探讨学术交流的微观过程，提供更精确、更快速的研究影响测量指标。

（二）重要作者分析

使用 Citespace 软件对学术交流研究的重要作者进行共被引分析，结果如图2.3所示，其中引用频次最高的5位作者分别是 Cronin B.（Freq=144）、Harnad S.（Freq=110）、Garfield E.（Freq=106）、Borgman C. L.（Freq=98）和 Kling R.（Freq=97）。Freq 是指作者被引用的次数，图中圆圈大小表示作者被引用次数的多少，不同灰度代表不同年份的引用次数。较大的作者结点表示他们在学术交流的研究方

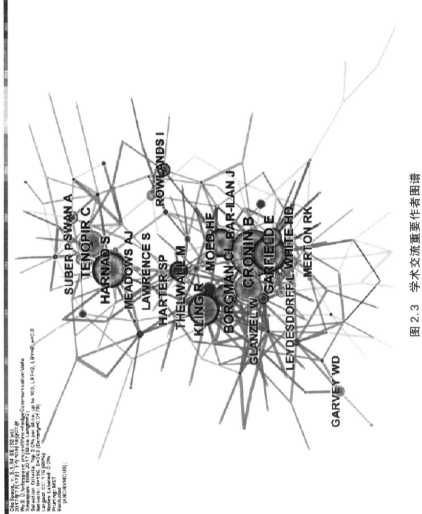

图 2.3 学术交流重要作者图谱

面产生了比较大的影响,他们的研究得到了较为广泛的认可。其中 Garfield E. 是早期期刊引用和学术影响评价研究的重要学者,他提出了不少文献计量的方法、算法和理论,为传统学术交流研究奠定了基础。Cronin B. 和 Harnad S. 在传统学术交流和引用理论的基础上,重点关注电子出版、网络引用和作者关系等方面,他们的研究推动了信息计量学或网络计量学研究领域的形成与发展。

从中介中心性和突发性来看(见表2.4),被引作者中,突发性最强的5位作者是 Harter S. P. (Burst=14.91)、Odlyzko A. M. (Burst=10.87)、Bornmann L. (Burst=9.8)、Lawrence S. (Burst=9.78)和 Priem J. (Burst=9.77),说明他们在学术交流研究内容和主题的转换方面贡献较大。中介中心性最高的5位作者分别是 Kling R. (Centrality=0.27)、Harnad S. (Centrality=0.26)、Garfield E. (Centrality=0.24)、Moed H. F. (Centrality=0.22)和 Lawrence S. (Centrality=0.2),说明他们在学术交流研究的知识传播过程中贡献较大。

表2.4 学术交流突现作者

Cited Authors	Year	Strength	Begin	End	1996—2017
Harter S. P.	1996	14.905 4	1988	2007	
Odlyzko A. M.	1996	10.867 6	1998	2003	
Bornmann L.	1996	9.802 5	2012	2017	
Lawrence S.	1996	9.778 6	2001	2008	
Priem J.	1996	9.771 2	2014	2017	
Ingwersen P.	1996	9.059 9	2000	2006	
Almind T. C.	1996	9.033 3	2002	2005	

(三) 重要机构分析

使用 CiteSpace 对研究机构进行共引分析,结果如图2.4所示。影响较大的研究机构包括印第安纳大学(Indiana University)、胡弗汉顿大学(University of Wolverhampton)、伊利诺伊大学(University of

第二章 学术交流的变革

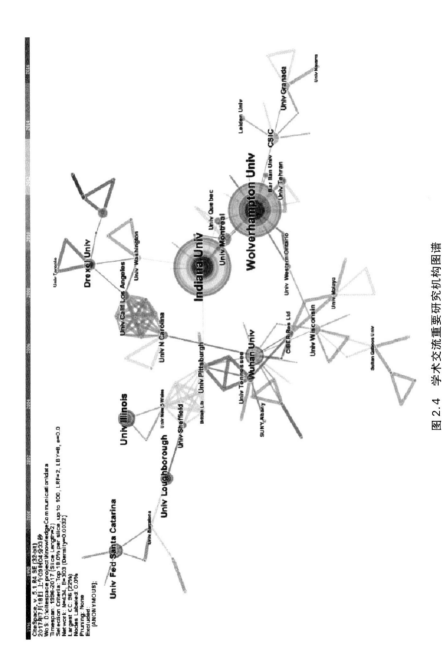

图 2.4 学术交流重要研究机构图谱

Illinois)、武汉大学（Wuhan University）和伦敦大学学院（University College London）。中介中心性最高的四个研究机构分别为印第安纳大学（Indiana University）、武汉大学（Wuhan University）、匹兹堡大学（University of Pittsburgh）和胡弗汉顿大学（University of Wolverhampton），说明这些研究机构在学术交流研究的知识传递方面最为有效。

（四）重要出版物分析

出版物共被引分析结果如图 2.5 所示，被引频次最高的五本出版物分别为 *Journal of the American Society for Information Science and Technology*（Freq = 282）、*Scientometrics*（Freq = 264）、*Journal of Documentation*（Freq = 201）、*Journal of the American Society for Information Science*（Freq = 187）和 *Learned Publishing*（Freq = 181）。近期最热门的出版物为 *Journal of the American Society for Information Science*（Burst=36.73）、*Plos One*（Burst=21.23）、*Journal of Information*

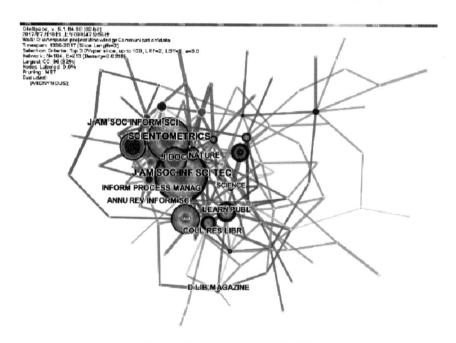

图 2.5 学术交流重要出版物图谱

第二章　学术交流的变革

Science(Burst＝19.45)、*Journal of Informetrics*(Burst＝14.95)和 *Annual Review of Information Science and Technology*(Burst＝8.24)。中介中心性最高的五本出版物分别为 *Journal of Medical Internet Research*(Centrality＝0.27)、*Learned Publishing*(Centrality＝0.23)、*Plos One*(Centrality＝0.21)、*Journal of the American Society for Information Science and Technology*(Centrality＝0.21)和 *College & Research Libraries*(Centrality＝0.21)。

(五)学术交流热门研究主题

对学术交流研究文献的关键词进行共现分析,可以揭示该研究领域历年来的热门研究主题和大致的研究走势,因为关键词实际上能大致说明一条文献的主题,如果这些关键词发生共现现象,说明它们的研究主题比较接近。首次出现共现的时间(参考图像上方色条)表示这一研究主题兴起的时间。如图 2.6 所示,近年来学术交流的热门研究主题包括学术交流(scholarly communication)、科学(science)、影响(impact)、开放获取(open access)、科学交流(scientific communication)、期刊(journal)、信息(information)、引用分析(citation analysis)、图书馆(library)、交流(communication)、出版(publication)、文章(article)、网络(web)、引用(citation)、文献计量学(Bibliometrics)、机构资料库(institutional repository)、信息科学(information science)和大学图书馆(academic library)等。从中介中心性来看,最高的六个关键词分别为学术交流(scholarly communication)、引用分析(citation analysis)、信任(trust)、科学交流(scientific communication)和影响(impact)等,说明关于学术交流的研究主要是围绕这些方面的内容而展开的。

从共现发生的时间来看(参考图像上方色条),图书馆、共引分析、科学和期刊等主题出现共现的时间比较早,始于 1996 年到 1998 年期间,这一时期电子出版和开放获取刚开始出现,对学术交流的重大影响还没有显现出来,因此仍然主要是基于传统文献计量学的学术交流研究。2000 年到 2004 年期间,学术交流、网络、信息科学、文档等研究

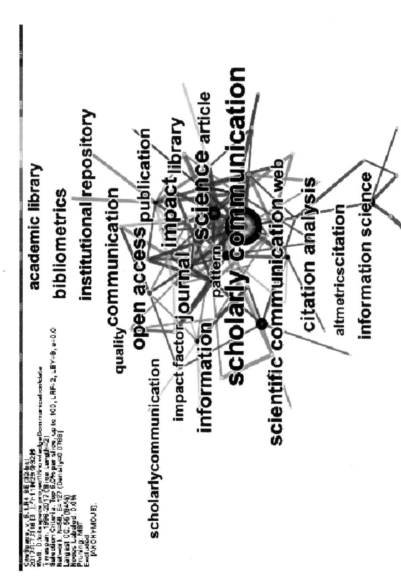

图 2.6 出现频率最高的关键词

主题受到关注,说明随着互联网的广泛应用,电子出版和网络影响因子等开始受到关注,基于网络的科学影响评价和计量方法开始对传统的文献计量学形成挑战。2006年到2012年期间,在前期研究的基础上,科学交流、机构资料库、互联网、模式、引用和交流等方面对学术交流带来的影响的相关研究得到进一步发展。大家开始认识到传统文献计量学理论已经无法解释基于电子出版和互联网的学术交流模式,急需发展新的替代文献计量标准和方法。近几年来,Altmetrics、质量、大学、信任、社交媒体和行为等关键词的共现现象显著,说明随着技术的社会化程度越来越高,大量学者开始使用社交媒体进行正式和非正式的学术交流,他们的在线学术社交行为及其行为数据,作为新的论文评价和科学影响的计量标准和方法的重要性日益凸显。因此,科学影响评价、文献计量学和学术交流等研究领域都面临重大的转型,这种转变触及学术交流的认识论、理论和研究方法等多方面。

(六)聚类分析

在学术交流研究文献共被引分析的基础上,按关键词进行聚类分析,生成聚类分析视图如图2.7所示。可见,关于学术交流的主要研究聚类包括链接、资料库、推特、机构资料库、研究评价、偏差、阅读模式、数据视频文件、计算机交流和共引分析10个聚类。其中不同结点之间连线的灰度表示不同的时间分区(参考图像上方色条灰度)。如图2.7所示,链接和问题等聚类的文献早期(1996年到2000年)共被引现象比较强烈。之后,研究评价、以计算机为中介的交流和作者共引分析等聚类的文献在2000年到2004年左右在共被引方面比较活跃,在这一转换过程中,文献Kling R.(1999)和Vaughan L.(2005)等起到了衔接的关键结点作用。这说明21世纪初,信息网络技术的飞速发展,对学术交流产生了重要的影响,基于网络技术的学术交流研究逐渐兴起,具体包括网络影响因子、网络引用分析和网络计量学等方面的研究。2014年到2010年期间,资料库、阅读模式和数字视频文件等聚类

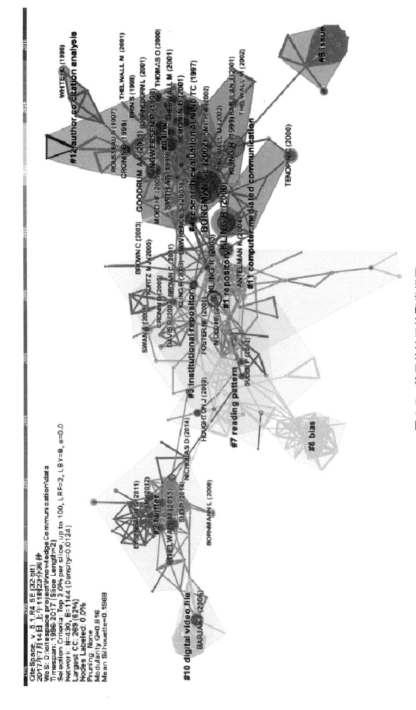

图 2.7 基于关键词的聚类视图

的文献之间共被引现象比较明显,在这一转换过程中,文献 Moed H. F.(2007)和 Bjork B. C.(2010)起到了衔接的关键结点作用。最近几年,大量学者开始使用推特、Facebook 等社交网络进行学术交流和资源共享,尤其是学术社交网络的出现,集成了电子出版、开放获取、社交媒体和学术网络等众多功能特点,一些学者开始构建个人主页。而且,语义网和社会化书签等技术的应用,改变了传统的阅读模式。因此,学术交流的形式正变得更为多元化、智能化、社会化和非正式化,而且它们生成的网络数据具有科学影响评价和文献计量学价值,能够作为传统文献计量学的补充。在这期间,Hemminger B. M.(2012)、Skeels M. M.(2009)等文献起到了关键衔接结点的作用。

从聚类分析时间线视图来看(见图 2.8),关于链接、资料库、研究评价、推特和计算机交流等聚类的文献发生的共被引现象比较密集,它们还集中了影响力比较大、比较关键的一些结点,构成了学术交流研究的主要阵地。网络链接、电子出版和网络影响与研究评价等聚类的文献在早期共被引现象明显,后面有消退趋势,说明它们在学术交流研究领域,承担了研究方法和技术基础的作用。最近的研究则主要以推特、偏差、阅读模式和在线视频文件等方面的研究为主,呈继续上升趋势。因此,基于学术社交网络的学术交流研究在未来的一段时间内仍将是重要的研究主题。

三、研究发现

近年来,越来越多图书馆情报学研究领域的学者、研究机构和学术刊物都开始重视学术交流研究。近二三十年来,现代信息技术在学术出版和交流领域的渗透和应用,电子出版、开放获取、Altmetrics 和学术社交网络的先后涌现,在学术交流模式和研究领域引起巨大的变革。使用 CiteSpace 软件对学术交流研究数据进行文献共引和共被引分析,可以挖掘出这一研究领域的重要文献结点,同时绘制学术交流研究知识图谱,揭示其研究的起源、发展脉络和未来趋势。

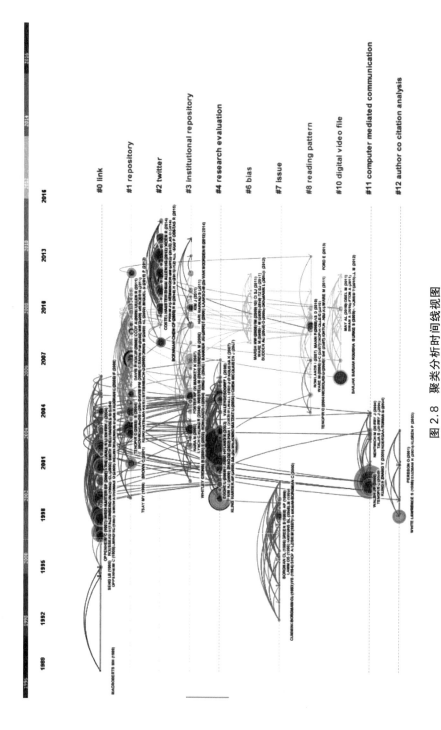

图 2.8　聚类分析时间线视图

(一)学术交流研究起源

1. 社团和沙龙式学术交流

最早关于学术交流的研究可以上溯到16、17世纪的无形学院和科学社团。无形学院一般是由一些具体研究领域的顶级科学家组织的非正式学术交流群体。他们经常性地举行学术集会、讨论和交流研讨会,人们经常把这种非正式的学术群体称为"无形学院"。这种早期的学术交流主要是非正式的,基于社团或沙龙式的人际交流。这种面对面的学术交流形式在人类历史上持续了上千年,甚至可以追溯至古希腊的"雅典学院",其优点在于能够即时交流和反馈,学者们可以相互交流各自最新的研究成果,提高知识交流的时效性,促进学术知识的创新,以及隐性知识和显性知识之间的转化。但这种主要基于人际传播的知识交流方式,在当时的技术条件下,受时间和地域的限制很大,学术知识交流的效果和影响的范围都很有限,而且由于非正式性,导致关于其学术交流的研究并不多见。

2. 基于学术出版的学术交流

到17世纪,正式科学刊物和研究论文的出现,使学术交流能够打破时间和地域的限制,并得到正式的记录,不同的学者和论文之间通过引用关系形成知识交流的学术网络,这种模式至今已经持续了400多年。科学论文作者通过对自然世界进行观察、实验,然后对实验和观察数据进行科学严谨的分析、讨论和推理,并将其研究过程、方法和理论发现形成学术论文,经同行和出版机构评价后刊出,实现知识的传播和让其他相关研究者访问,以作为他们研究的基础,从而促进了知识的重用和发展。学术出版打破了学术交流的时间和地域限制,而且使科学社区的范围得到了扩展,形成了系统科学的研究理论、方法。学者们通过相互阅读、评价和引用学术论文实现科学知识的交流。这种利用论文相互引用、共引和共被引关系研究知识交流和学术影响评价的方法,逐渐发展为一门新的研究领域,文献计量学(Bibliometrics)。可以说,400年来,学术交流的研究主要是基于文献计量学的理论和方法发展起来的。

3. 基于电子出版和文献数据库的学术交流

近二三十年以来,传统学术交流理论受到极大的冲击。首先是电子出版提高了论文的可访问性,加速了学术协作、同行评议和论文传播的速度,在某种程度上减少了科学期刊的重要性。[1][2] 电子出版的同时,电子图书馆也开始出现,涌现出大量的文献数据库和在线图书馆。它们不但实现了文献之间引用关系的数字化,同时还能够将用户对电子文献的阅读、下载等行为记录下来,这给文献计量学带来了很多新的机遇。文献计量学从最开始的一种图书馆管理和信息提取方法,发展为一种研究评价方法,通过出版、引用等数据评价和衡量科学生产力和影响。传统的文献计量学主要基于正式出版的论文之间的引用关系进行量化,这种基于引用与被引用的学术交流机制主要体现了研究文献之间的关系,而无法表示研究者之间的人际关系。而且,正式出版和引用一般需要较长的时间周期,因此会导致学术交流的滞后性。文献的在线发布、分享和开放访问,一方面,提高了学术知识交流的时效性,另一方面,学术论文之间的引用、共引和共被引关系的数据可以直接从一些大型数据库系统直接获取,大大提高了传统文献计量学研究的科学性和可行性。

(二) 学术交流的最近发展

1. 学术资源开放访问运动

近年来,随着电子出版和开放访问的日益普遍,大家已经更深刻地认识到传统的基于文献计量学的学术交流理论的欠缺,比如学者间主要通过发表论文和相互引用形成的间接的学术交流过程是断续的、滞后的和低效的。传统学术出版经常使用户访问学术资源的成本过高,这在一定程度上限制了学术知识的传播和影响。学术资源的开放访问

---

[1] Larivière V., Lozano G. A., Gingras Y.. Are Elite Journals Declining?[J]. Journal of the Association for Information Science & Technology, 2013, 65(4):649-655.

[2] Larivière V., Haustein S., Mongeon P.. The Oligopoly of Academic Publishers in the Digital Era[J]. Plos One, 2015, 10(6):e0127502.

让任何人能够免费、即时通过互联网阅读、下载、复制、分发、打印、检索和链接这些在线分享的研究论文,推动了科学研究过程的开放,其中包括研究数据、源、方法和同行评议的开放。① 这能够扩展学术参与和交流的机会,使其更具包容性和更加透明,提高学术知识的可见度和引用率,促进学术交流、协作和创新的速度。学术资源开放访问的影响甚至可能波及整个科学界,开放科学环境和开放学术交流的理论与实践研究日益受到重视。

2. 基于学术社交网络的知识交流

在线社交媒体在学术圈的广泛应用,使学术交流能够同时整合学者之间的人际交互和文献之间的知识交流,形成了一种全新的学术交流生态——学术社交网络。2001 年到 2010 年期间,学术交流研究领域出现了几个重要的研究聚类,电子文献库、研究评价和基于计算机的学术交流等方面成为这期间的研究前沿。2010 年以后,推特、脸书等学术社交媒体,尤其是 Mendeley 等大规模在线学术社交网络出现,同时集成了电子出版、开放访问和社交媒体的功能,进一步对学术交流的基础设施进行了变革,实现了正式交流和非正式交流,以及基于文献的间接交流和人与人之间的直接交流的整合,这对于学术交流研究领域是一个重大的突破。Hemmingerm B. M. 和 Skeels M. M. 等人在这方面进行了初步的探讨。基于学术社交网络的知识交流模式、理论研究还有巨大的挖掘空间。

3. 从文献计量学到替代计量学

电子出版、开放访问和学术社交网络对传统的学术交流理论——文献计量学产生了重要的影响,发展出一种新的文献评价工具和方法——Altmetrics,其能够反映更广泛和更快速的学术影响。② 这给学

---

① Archambault E., Amyot D., Deschamps P., et al.. Proportion of Open Access Papers Published in Peer-reviewed Journals at the European and World Level—1996 - 2013[EB/OL]. [2022 - 10 - 26]. https://science-metrix.com/sites/default/files/science-metrix/publications/d_1.8_sm_ec_dg-rtd_proportion_oa_1996-2013_v11p.pdf.

② Priem J., Taraborelli D., Groth P., Neylon C.. Altmetrics: A Manifesto [EB/OL]. [2020 - 08 - 01]. http://altmetrics.org/manifesto.

术交流带来了重大的转变,使学术交流扩展到非正式的在线活动,使学术活动的周期缩短并整合为一个连续的循环过程。传统文献计量学已经无法完全适应学术交流环境的发展。网络上生成的各种学术交流数据,包括在线论文阅读、下载、评论、标签和标注等数据,具有重要的科学计量价值。替代计量学在此基础上发展出多种网络计量标准和方法,并因此成为信息化环境下一种新的知识交流理论和科学影响评价方法。

(三)学术交流研究未来发展趋势

1. 在学术交流中进一步采纳新技术

在未来的一段时间内,在线开放访问技术、在线出版和数据库技术、基于 Web 2.0 的社交网络和社会化文献管理软件等的进一步应用,会使学术用户覆盖面将进一步提高,以至于我们不得不考虑新技术在学术交流中的重要影响力及其带来的后果。已有学者使用学术交流 1.0 和学术交流 2.0 来区分这些整合新技术的学术交流和传统学术交流模式的不同。学术交流语义网和元数据标准技术的深入应用,将为替代计量学的数据记录与跟踪提供技术环境支持。除此之外,大数据、智慧技术、泛在技术的深入应用,将不仅仅可以增强作者之间的社会交流和文献之间的知识交流,而且将会对学术生产和交流的整个过程带来影响。

2. 构建新的学术交流理论模式

从国际上学术交流研究的知识图谱来看,学术资源的在线开放访问进程实际上才刚起步,基于学术社交网络的学术交流和 Altmetrics 将会是未来重要的研究发展趋势。目前学术交流的客观环境已经发生了巨大的变化,学术交流的非正式化、虚拟化和社会化将继续向前发展,但学术交流的理论模式并没有跟上其基础设施的发展进程。虽然 Altmetrics 对传统的文献计量学有较大的发展,但实质上仍是新瓶旧酒,主要的方法和思路还是以传统的文献引用、共引和共被引等关系分析为核心,各种新的在线网络指标和影响因子的提取,也主要是看它和文献引用次数是否相关来判断其有效性。构建更加完整和独立的新的学术计量指标,描绘新型的知识交流模式,并发展合适的理论解释,将是未来学术交流理论研究的重点。

3. 发展新的学术交流研究方法

随着大数据、智慧技术和语义网等技术在学术社交网络中的应用,未来的学术交流生态环境将更加智能化和泛在化,虚拟环境则会更加社会化。因此,需要构建更加完善的学术交流理论和研究方法,比如在线数据库和学术社交网络中用户数据的获取、采集和可视化分析技术、基于大数据的计量学方法、科学社会学研究方法、学术社交网络的社会网络分析方法和替代计量学的统计分析方法等的综合运用,研究基于学术社交网络的大数据驱动学术交流模式的规律和运行机制,将推动学术交流研究方法和理论的发展。

四、结论

本节使用 CiteSpace 软件对 Web of Science 核心数据库收录的学术交流英文研究文献数据进行共引和共被引分析,揭示出学术交流研究领域的起源、发展脉络、重要研究主题,以及重要研究文献、作者、研究机构和学术刊物。我们发现,正式学术交流在过去数百年的发展历程中变化缓慢,而最近几十年在线出版和开放访问运动对学术交流环境和过程的变革,超过了过去数百年的总和。新技术突飞猛进的发展和应用,不但改变了学术交流的环境和过程,而且改变了科学影响的评价方法,对科学社会带来了革命性的影响。学术社交网络集成了电子出版、开放访问和社交媒体的多种功能,形成了一种全新的学术交流系统。技术环境的改变给传统学术交流理论和文献计量学带来了冲击,构建这种新环境下的学术交流模式、理论和研究方法迫在眉睫。

第二节 学术社交网络研究的起源、现状和未来趋势

近年来,学术社交网络(Academic Social Network, ASN)已经成为

图书馆情报学研究领域的一个研究热点,国际国内重要学术刊物上均发表了为数不少的学术研究论文。ASN 已经发展为信息技术环境下学者之间进行在线学术交流和知识交流的一种重要渠道。研究国际上重要学术刊物发表的学术社交网络研究知识图谱、发展现状和未来发展趋势,对于我们进行学术社交网络的研究、信息化环境下学者之间的学术知识交流、学术评价和影响力等方面的研究均具有较大的启示意义。

一、数据检索策略

本节选择 Web of Science 核心数据库作为文献检索来源,它提供了国际上重要学术社交网络英文研究文献的基本数据信息。不设时间限制,从 SSCI、A&HCI 和 CPCI-SSH 等子数据库中检索到主题包含"academic social network*""academic social media""scholar* social network*""scholar* social media""scientific social network*""scientific social media*"或"virtual academic communit*"等检索词的 ASN 英文研究文献数据(包括引用文献列表)280 条,并选择它们用于数据分析。所有被引文献构成 280 篇 ASN 研究文献的知识基础。本节使用 CiteSpace 软件对 ASN 研究文献的发展趋势和现状进行可视化共引和共被引分析,揭示其知识基础和知识结构。

二、ASN 研究文献知识图谱分析

图 2.9 和图 2.10 分别显示出近 20 年来关于 ASN 研究每年出版的文献数和引文数。从中可以看出,2008 年以前,每年出版的 ASN 研究文献和引文数都相对较少,自那以后,每年出版的相关文献数和引文数都以较快的速度上涨,2014 年以后每年的被引频次都超过了 150 次,并且呈直线上升趋势。2016 年的引文数接近 700 次,发文数超过 70 篇。这说明近十年来学界对 ASN 的研究保持了较高的关注度,而且逐年递增,在最近三四年更是达到了白热化的增长态势。

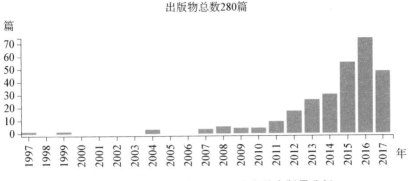

图 2.9 1997—2017 年 ASN 研究文献出版量分析

图 2.10 1997—2017 年 ASN 研究文献引文量分析

（一）重要文献分析

利用 CiteSpace 软件对 1997—2017 年间 Web of Science 核心数据库中关于 ASN 研究的 280 条文献数据进行共被引分析（Cited Reference），时间阈值设置为 2007 年到 2017 年，时间区间设置为两年，选择所有时间分区最高引用的前 3%，得到如图 2.11 所示的学术社交网络研究文献共被引分析图。它能够以形象直观的方式将 ASN 研究领域最有影响力的文献及其关系可视化表现出来，帮助我们更好地理解 ASN 研究的基本知识、概念和理论。图中用圆圈表示文献结点，结点大小表示文献的被引次数，结点之间连线的颜色表示两条文献首次共被引的时间。结点采用年轮结构的方式表示，颜色表示年份（对照图

图 2.11 ASN 研究文献共被引图谱

形顶部时间条灰度),年轮的厚度表示该年被引频次。外围有深色圆圈包围的结点表示该条文献具有较大的中介中心性,说明它们在 ASN 研究发展过程中扮演了关键转折点的作用。中心深色标注的文献结点表示突发性较强,即引用量在某一时间段内突增,能够表示这一时期的研究热点。

1. 高引文献分析

一般具有较高引用次数的文献意味着得到了学界的认可。表 2.5 列出了引用次数前 10 的文献,表明它们的质量、研究方法和观点得到了广泛认可。从表 2.5 可知,Li X. M. 等人 2012 年发表的论文"Validating Online Reference Managers for Scholarly Impact Measure-ment"引用频次最高,为 45 次。该文对 CiteUlike 和 Mendeley 在衡量学术影响力方面的应用进行了研究,他们选择 2007 年在 Nature 和 Science 上刊出的 1613 篇论文为样本,使用 Web of Science 数据库中的传统引用数量作为比较基准,统计结果显示,在线引文管理站点中标注论文的用户数据和 Web of Science 数据库中的引用次数之间存在显著的相关性。因此,他们认为在线学术社交网络在某种程度上能够作为衡量学术影响力的依据,但这些系统用户的数量还不足以挑战传统引用指标的地位。①

表 2.5 ASN 研究高引文献

排序	频率	作者(第一)	年	标题	来源出版物
1	45	Li X. M.	2012	Validating online Reference Managers for Scholarly Impact Measurement	Scientometrics
2	36	Thelwall M.	2013	Do Altmetrics Work? Twitter and ten other Social Web Services	Plos One

---

① Li X. M., Thelwall M., Giustini D.. Validating Online Reference Managers for Scholarly Impact Measurement [J]. Scientometrics, 2012, 91(2):461 - 471.

续表

排序	频率	作者(第一)	年	标题	来源出版物
3	32	Eysenbach G.	2011	Can Tweets Predict Citations? Metrics of Social Impact Based on Twitter and Correlation with Traditional Metrics of Scientific Impact	Journal of Medical Internet Research
4	28	Mohammadi E.	2014	Mendeley Readership Altmetrics for the Social Sciences and Humanities: Research Evaluation and Knowledge Flows	Journal of the Association for Information Science & Technology
5	25	Priem J.	2010	Altmetrics: a Manifesto	Altmetrics: a manifesto
6	21	Haustein S.	2011	Applying Social Bookmarking Data to Evaluate Journal Usage	Journal of Informetrics
7	21	Thelwall M.	2014	Academia. Edu: Social Network or Academic Network?	Journal of the Association for Information Science & Technology
8	20	Zahedi Z.	2014	How well Developed are Altmetrics? a Cross-Disciplinary Analysis of the Presence of "Alternative Metrics" in Scientific Publications	Scientometrics
9	19	Haustein S.	2014	Coverage and Adoption of Altmetrics Sources in the Bibliometric Community	Scientometrics
10	19	Van Noorden R.	2014	Scientists and the Social Network	Nature

Thelwall M. 等人 2013 年发表的论文"Do Altmetrics Work? Twitter and ten other Social Web Services"引用频次排第二位。该文对来自于社交网络的文献替代计量(Altmetric)方法作为文献影响或效用的有效代理进行了实证研究。他们比较了 11 种 Altmetrics 和 Web of Science 引用率之间的关系,统计结果显示,在具有高 Altmetric 分数的论文中,论文高计量分数与高引用率之间存在显著的相关性。但不同时间,甚至同一年发表的论文的引用率和 Altmetric 分数之间的关系可能消除甚至逆转,因此使用 Altmetric 对文章进行排名时需要考虑时间效应。而且除了 Twitter 之外,多数 Altmetric 的覆盖面较低,因此它们在实际应用中能否达到有说服力的流行度还不明朗。[1]

Eysenbach G. 的论文"Can Tweets Predict Citations? Metrics of Social Impact based on Twitter and Correlation with Traditional Metrics of Scientific Impact"的引用频次排第三位。该文探讨了通过分析社交媒体的声音测量学术文章社会影响和学术关注的可行性,关于发表学术论文的推文动态、内容和时间,以及这些指标能否预测高引论文等问题,揭示出关于学术论文推文引用增长及消减的一些特点,发现顶级推特文章能够预测顶级引用率论文。[2]

Mohammadi E. 等人的论文"Mendeley Readership Altmetrics for the Social Sciences and Humanities: Research Evaluation and Knowledge Flows"在 Mendeley 读者数量和研究影响的关系研究的基础上,继续挖掘不同学科二者之间关系的差异,结果发现 Mendeley 的读者数量与引用率之间的相关性,社会科学要高于人文科学。所有调查的学科当中,书签和引用量之间的低度或中度相关性表明,这些测量反映了研究影响的不同方面。同时,他们还发现 Mendeley 的阅读关系数据能够

---

[1] Thelwall M., Haustein S., Larivière V., et al.. Do Altmetrics Work? Twitter and Ten other Social Web Services. [J]. Plos One, 2013, 8(5): e64841.

[2] Eysenbach G.. Can Tweets Predict Citations? Metrics of Social Impact based on Twitter and Correlation with Traditional Metrics of Scientific Impact [J]. Journal of Medical Internet Research, 2011, 13(4): e123.

显示跨学科之间的知识转移,而且相比传统的引用计数,能够更早地揭示论文的影响。[1]

Priem J. 等人认为论文同行评议、引用和 JIF 等传统文献计量和过滤方法正在过时,新的在线学术工具如学术社交网络的涌现,需要构建新的可替代计量方法(Altmetrics),从而反映蓬勃发展的学术生态中更广泛而快速的影响,而且能够跟踪一些有影响力但暂未被引用论文在学术圈外的影响。[2] 此外,Haustein S. 等人对社会化书签服务中研究者在线存储和分享学术论文及生成的书签和标签数据进行了分析,讨论了它们对科学期刊使用统计和内容描述方面的评价作用。他们定义了使用率、使用扩散、论文使用强度和刊物使用强度等指标,并使用标签描述具体读者对刊物内容的观点。[3] Thelwall M. 和 Kousha K. 通过对 Academic.com 的一些学科的学者特点进行了分析,发现教职人员相对学生拥有更高的个人档案页面查看次数,法学、计算机和历史学等学科的女性用户相对男性用户页面具有更高的查看次数,因此他们认为学术社交网络同时具有学术标准和一般社交网络的特点。[4] Zahedi Z. 等人使用 Mendeley 的阅读关系计数作为替代计量方法,讨论了它和 Web of Science 引用率之间的关系,发现它们之间存在中度相关性。[5] Haustein S. 等人指出,学者们实际上正处于在线社会环境中,并且与其中的学术产品进行交互。他们对社交媒体环境的覆盖面进行了调查,发现 Mendeley 书签和 Scopus 引用率之间存在相关性,因此认

---

[1] Mohammadi E., Thelwall M.. Mendeley Readership Altmetrics for the Social Sciences and Humanities: Research Evaluation and Knowledge Flows [J]. Journal of the Association for Information Science & Technology, 2013,65(8):1627-1638.

[2] Priem J., Taraborelli D., Groth P., Neylon C.. Altmetrics: A Manifesto [EB/OL]. [2020-08-01]. http://altmetrics.org/manifesto.

[3] Haustein S., Siebenlist T.. Applying Social Bookmarking Data to Evaluate Journal Usage [J]. Journal of Informetrics, 2011,5(3):446-457.

[4] Thelwall M., Kousha K.. Academia.edu: Social Network or Academic Network? [J]. Journal of the Association for Information Science & Technology, 2015,65(4):721-731.

[5] Zahedi Z., Costas R., Wouters P.. How well Developed are Altmetrics? A Cross-disciplinary Analysis of the Presence of "Alternative Metrics" in Scientific Publications [J]. Scientometrics, 2014,101(2):1491-1513.

为这些在线工具具有文献计量学研究价值,它们提供了一种潜在的论文影响数据来源。① Nature 杂志也对学者们使用学术社交网络的情况比较关注,他们对 3000 多名科学家注册和使用学术社交网络的情况、特点和目的等方面进行了调查研究。②

2. 突现引文分析

突现引用是指一篇文献在某段时间内引用率突然上升或下降的现象,表示某一特定研究主题突然变热或变冷。利用 CiteSpace 对学术社交网络研究文献进行突发性分析,结果如表 2.6 所示。Walker J. (2006)、Neylon C. 和 Wu S. (2009) 以及 Bar-Ilan J. 等(2012)的文献的突发性较强,表明它们在学术社交网络研究主题的转向方面扮演了比较关键的作用③④⑤。其中 Walker J. (2006)主要介绍了学者使用研究博客的类型,比如公知、研究日志和对学术职业生涯进行介绍的匿名博客等,说明其在 10 年以前就已经初步认识到社交网络对于学术交流的潜在价值。Neylon C. 和 Wu S. (2009)对传统的期刊影响评价和文章级别的计量存在的问题进行了讨论,提出应利用基于网络的评论社区、科学社区、文献管理软件和学术社交网络中的数据,比如浏览、添加书签、标签、评论、投票和在线引用等数据构建新的文献计量指标。因此,利用期刊作为过滤论文质量的唯一方式已经不再足够,还需要利用各种网络工具、软件和社区中生成的论文自身的质量数据进行评价,而且这更能够体现科学研究发展、传播和演化的本质。Bar-Ilan J. 等(2012)对学者使用 LinkedIn、Google Scholar Profiles、Twitter 和 Mendeley 的覆盖情况进行了调查研究,发现有相当数量的学者在使用

---

① Haustein S., Peters I., Bar-Ilan J., et al.. Coverage and Adoption of Altmetrics Sources in the Bibliometric Community [J]. Scientometrics, 2014,101:1145 – 1163.
② Van Noorden R.. Scientists and the Social Network [J]. Nature, 2014,512(7513):126.
③ Walker J.. Blogging from inside the Ivory Tower [J]. Uses of Blogs, 2006:127 – 138.
④ Neylon C., Wu S.. Article-level Metrics and the Evolution of Scientific Impact [J]. Plos Biology, 2009,7(11):e1000242.
⑤ Bar-Ilan J., Haustein S., Peters I., et al.. Beyond Citations: Scholars' Visibility on the Social Web [EB/OL]. [2012 – 15 – 25]. https://arxiv.org/ftp/arxiv/papers/1205/1205.5611.pdf.

这些社交网络,其中发表、社会引用、管理书签等数据与 Scopus 和 Web of Science 引用率之间存在一定的相关性。因此,社交网络不但能够用于支持学者之间的学术交流,而且能够作为评价和过滤论文质量的补充性计量指标。

表 2.6 ASN 研究突现引文

References	Year	Strength	Begin	End	2007—2017
Walker J.,2006,USES BLOGS,V,P127	2006	3.3123	2012	2013	
Neylon C.,2009,PLOS BIOL,V7,P,DOI	2009	3.6705	2012	2014	
Bar-ilan J.,2012,P17 INT C SCI TECHN,V1,P98	2012	2.732	2014	2015	

3. 高中心性引文分析

结点中心性是一种图形理论属性,表示结点位置在网络中重要性的一种量化。通常使用中介中心性测量一个文献共被引网络中最短路径经过某一结点的概率。高中介中心性的文献结点能够起到衔接不同聚类的作用,帮助识别和发现不同的聚类(Chen,2006)。如表 2.7 所示,文献 Brody T. 等(2006)的研究中介中心性最高,达到 0.33。作者认为使用引用频次测量研究论文的影响力虽然已经比较成熟,但往往要滞后好几年,而随着在线访问论文越来越普遍,论文的在线阅读和下载次数等短期网络使用影响能否预见论文的中期引用的影响成为一个重要的研究问题,同时,作者使用 arXiv.org 的物理学电子文献库进行了检验。该研究推动了利用在线社交网络生成的学术信息数据衡量论文质量和影响力的研究[①]。此外,Albert K. M.(2006)对开放获取出

---

① Brody T., Harnad S., Carr L.. Earlier Web Usage Statistics as Predictors of Later Citation Impact [J]. Journal of the Association for Information Science & Technology, 2006, 57(8):1060-1072.

版的定义、发展历史、各方反映和观点,以及对于科学图书馆和出版事业的启示等方面进行了综述,指出互联网改变了信息访问的方式,能够重塑学术出版系统,虽然各方仍存在一定的争论,但这一进程已经是一种必然,而且多种出版与访问模式将会在一定时间内共存。[①] Altman R. B. (2004)对构建生物数据库进行了讨论,认为它可以实现对一些流行和重要刊物及论文的在线索引。[②] Haustein S. 和 Siebenlist T. (2011)探讨了利用社会化标签作为期刊评价指标的可行性。[③] Ananiadou S. 和 McNaught J. (2006)主要介绍了生物学和生物医学领域的文本挖掘和自然语言方法与技术。[④]

表 2.7 ASN 研究高中介中心性文献

排序	突现率	作者(第一)	年	标题	来源
1	0.33	Brody T.	2006	Earlier Web Usage Statistics as Predictors of Later Citation Impact	Journal of the Association for Information Science & Technology
2	0.33	Albert K. M.	2006	Open Access: Implications for Scholarly Publishing and Medical Libraries	Journal of the Medical Library Association
3	0.33	Altman R. B.	2004	Building Successful Biological Databases	Briefings in Bioinformatics
4	0.25	Haustein S.	2011	Applying Social Bookmarking Data to Evaluate Journal Usage	Journal of Informetrics

---

① Albert K. M.. Open Access: Implications for Scholarly Publishing and Medical Libraries [J]. Journal of the Medical Library Association, 2006, 94(3):253 - 262.

② Altman R. B.. Building Successful Biological Databases [J]. Briefings in Bioinformatics, 2004, 5(1):4.

③ Haustein S., Siebenlist T.. Applying Social Bookmarking Data to Evaluate Journal Usage [J]. Journal of Informetrics, 2011, 5(3):446 - 457.

④ Ananiadou S., McNaught J.. Text Mining for Biology and Biomedicine [M]. London: Artech House, 2006.

续表

排序	突现率	作者(第一)	年	标题	来源
5	0.23	Bonetta L.	2007	Scientists Enter the Blogosphere	Cell
6	0.13	Waltman L.	2014	F1000 Recommendations as a Potential New Data Source for Research Evaluation: A Comparison with Citations	Journal of the American Society for Information Science & Technology
7	0.13	Priem J.	2010	Altmetrics: A Manifesto	Altmetrics: A manifesto
8	0.11	Bollen J.	2009	Clickstream Data Yields High-Resolution Maps of Science	Plos One
9	0.11	Ananiadou S.	2006	Text Mining for Biology and Biomedicine	Text Mining for Biology and Biomedicine

Bonetta L. (2007)指出科学博客空间近年来得到显著的发展,博客已经成为学者与其他学者和大众交流观点最常用的通道之一。[①]Waltman L. 和 Costas R. (2014)聚焦 F1000 的推荐指标数据,并对它和 Web of Science 的引用次数进行了比较,发现二者之间存在显著性关系。这是 Altmetrics 的一种重要的研究方法,即通过比较发现不同环境下 Altmetrics 与引用次数之间的关系,以评估它作为研究评价方法的合适性。[②]Priem J. 等(2010)首次提出了 Altmetrics 的概念,指出它是从文章层面的替代性测量或者使用网络标签和评论等方式作为传统文献评价的补充或替代方式,目前已经成为一个热门的研究领域。[③]Bollen J. 等

[①] Bonetta L.. Scientists Enter the Blogosphere [J]. Cell, 2007,129(3):443-5.
[②] Waltman L., Costas R.. F1000 Recommendations as a Potential New Data Source for Research Evaluation: A Comparison With Citations [J]. Journal of the American Society for Information Science & Technology, 2014,65(3):433-445.
[③] Priem J., Taraborelli D., Groth P., Neylon C.. Altmetrics: A Manifesto [EB/OL]. [2020-08-01]. http://altmetrics.org/manifesto.

(2009)汇集了数亿用户与数字图书馆和书目数据库进行交互的点击流数据,并在此基础上对期刊之间的网络关系、不同学科领域的关系和链接进行可视化表达,从而生成了一个体现现代科学交流和观点的科学图谱,以弥补建立在引用关系基础上的分析的不足,这为科学计量评价和知识领域可视化提供了一种新的研究思路。[①]

通过对近期高引用率、高突现率和高中介中心性文献的研究和分析,可以挖掘出 ASN 研究领域最有影响力的英文文献,影响该研究领域重要转向的文献,以及衔接 ASN 不同研究聚类的关键结点。因此,本节通过文献共被引分析,比较形象地揭示出学术社交网络研究的来源、知识基础、发展脉络以及重要研究领域。首先,随着互联网技术的发展,学术出版、论文在线访问和开放获取日益普遍,Altman R. B. 和 Albert K. M. 等人开始关注在线论文数据库和开放获取的相关研究问题。而随着以社交网络为标志的 Web 2.0 服务的介入,比如学术博客、推特等的应用,Walker J. 和 Bonetta L. 等人认识到它们对于学者之间进行学术交流的重要作用,并进行了大量的分析。而且 Brody T. 和 Priem J. 等人开始逐渐意识到这些社交网络中生成的学者交流数据以及论文在线使用行为数据和传统文献计量之间具有一定的相关性,它能够在一定程度上预测论文的引用频次和影响力,因此出现了一个新的研究领域——Altmetrics。尤其是 ResearchGate、Mendeley 和 Academic.com 等大规模在线学术社交网络出现之后,大量的学者用户成为它们的用户群。他们在线分享了大量的研究论文,并生成了海量的用户及论文之间交流和使用的数据,为 Altmetrics 的研究提供了大数据支持,Thelwall M.、Eysenbach G.、Mohammadi E.、Priem J. 和 Haustein S. 等人均在这些方面的研究中作出了贡献。

(二) 重要作者分析

使用 Citespace 软件对 ASN 研究的重要作者进行共被引分析,结

[①] Bollen J., Herbert V. D. S., Aric H., et al.. Clickstream Data Yields High-Resolution Maps of Science [J]. PlosOne, 2009, 4(3): e4803.

果如图 2.12 所示,其中引用频次最高的 5 位作者分别是 Thelwall M. (Freq=77)、Haustein S. (Freq=57)、Priem J. (Freq=51)、Li X. M. (Freq=46)和 Bar-ilan J. (Freq=43)。Freq 是指作者被引用的次数,图中圆圈大小表示作者被引用次数的多少,不同灰度代表不同年份的引用次数。较大的作者结点表示他们在 ASN 的研究方面产生了比较大的影响,他们的研究得到了较为广泛的认可。其中 Priem J. 是 Altmetrics 概念框架的主要提出者,Thelwall M.、Haustein S.、Li X. M. 和 Bar-ilan J. 对学者使用 ASN 的特点,以及基于 ASN 数据的 Altmetrics 进行了研究,他们推动了基于 ASN 的 Altmetrics 研究,而且对 Altmetrics 的概念框架进行了发展,并提供了大量的实证数据支持。正是由于这些人的代表性研究成果促成了基于 ASN 的替代计量研究,推动了 ASN 的广泛应用。

被引作者中,突发性最强的 5 位作者分别是 Newman M. E. J. (Burst=4.37)、Walker J. (Burst=4.22)、Herring S. C. (Burst=3.79)、Bollen J. (Burst=3.14)和 Grot P. (Burst=2.97),说明他们在 ASN 研究内容和主题的转换方面贡献较大。中介中心性最高的 5 位作者分别是 Ananiadou S. (Centrality=0.68)、Altman R. B. (Centrality=0.28)、Page R. (Centrality=0.23)、Eysenbach G. (Centrality=0.13)和 Cronin B. (Centrality=0.13),说明他们在 ASN 研究的知识传播过程中贡献较大。

(三)重要机构分析

使用 CiteSpace 对研究机构进行共现分析,结果如图 2.13 所示。影响较大的研究机构包括胡弗汉顿大学(University of Wolverhampton)、马克斯·普朗克协会(Max-Planck-Gesellschaft)、芬兰职业健康研究所(Finnish Institute of Occupational Health)和 CIBER 股份有限公司(CIBER Res Ltd)。中介中心性最高的四个研究机构分别为曼彻斯特大学(The University of Manchester)、乌得勒支大学(Utrecht University)、南安普顿大学(University of Southampton)和哈佛大学

第二章 学术交流的变革

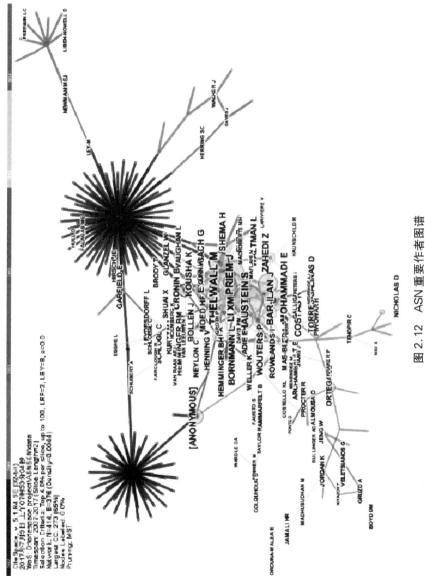

图 2.12 ASN 重要作者图谱

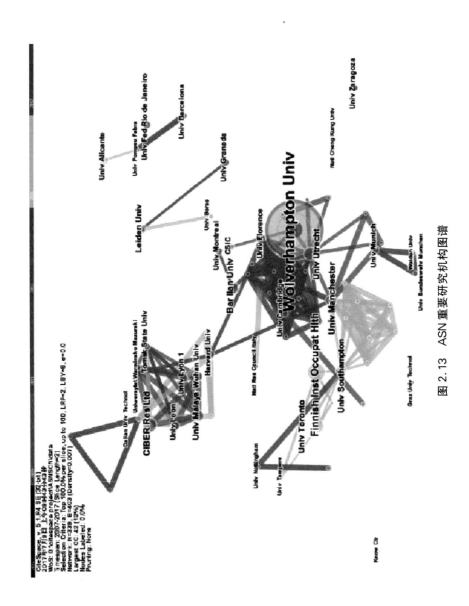

图 2.13 ASN 重要研究机构图谱

(Harvard University),说明这些研究机构在 ASN 研究知识传递方面最为有效。

(四)重要出版物分析

出版物共被引分析结果如图 2.14 所示,被引频次最高的五本出版物分别为 *Scientometrics*(Freq=95)、*Journal of the American Society for Information Science and Technology*(Freq=87)、*Plos One*(Freq=80)、*Journal of the Association for Information Science and Technology*(Freq=74)和 *Journal of Informetrics*(Freq=69)。近期最热门的出版物为 *Proceedings of the National Academy of Sciences of the United States of America*(Burst=5.85)、*Communications of the ACM*(Burst=4.87)、*Uses of Blogs*(Burst=4.72)、*Lecture Notes in Computer Science*(Burst=2.92)和 *Aslib Proceedings*(Burst=2.91)。中介中心性最高的五本出版物分别为 *Annual Review of Information Science and Technology*(Centrality=0.43)、*Journal of Information Science*(Centrality=0.31)、*RFC 3986 Uniform Resource Identifier(URI): Generic Syntax*(Centrality=0.23)、*Decision Support Systems*(Centrality=0.21)和 *ACM Transactions on Information Systems*(Centrality=0.19)。

(五)ASN 热门研究主题

对 ASN 研究的关键词进行共现分析,可以揭示该研究领域历年来的热门研究主题和发展脉络,因为关键词实际上能大致说明一条文献的主题,如果这些关键词发生共现现象,说明它们的研究主题比较接近。首次出现共现的时间(参考图像上方色条)表示这一研究主题兴起的时间。如图 2.15 所示,近年来 ASN 的热门研究主题包括替代计量学(Altmetrics)、社交媒体(social media)、科学(science)、引用(citation)、影响(impact)、Mendeley、社交网络(social network)、文献计量学(Bibliometrics)、指标(metrics)、引用分析(citation analysis)、推特(Twitter)和期刊(journal)等。从中介中心性来看,最高的五个关键词分别为引用分析(citation analysis)、期刊(journal)、网络(web)、科

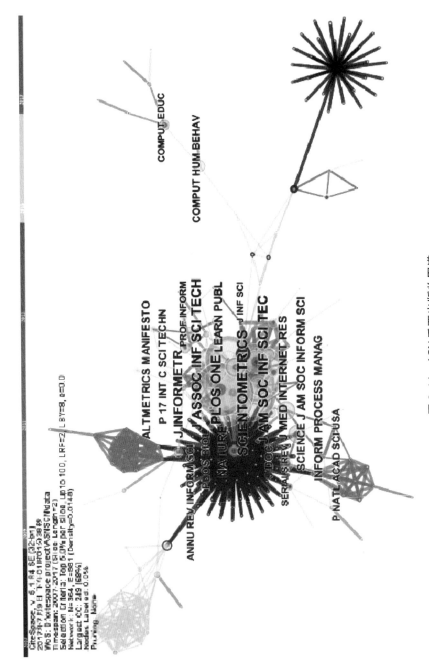

图 2.14 ASN 重要出版物图谱

第二章 学术交流的变革

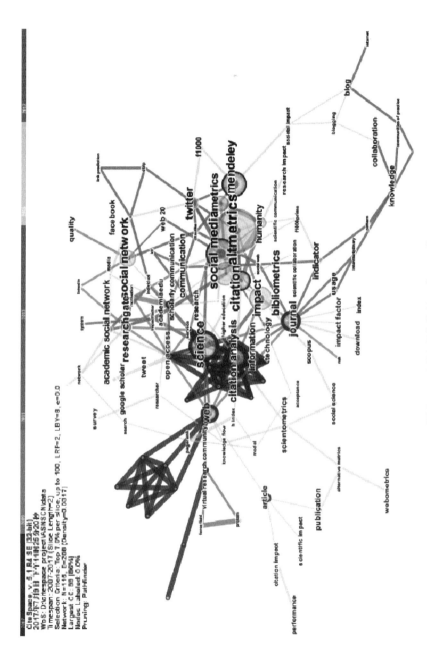

图 2.15 ASN 研究关键词共现图谱

学(science)、开放获取(open access)等,说明关于 ASN 研究的主要内容是围绕替代计量学、社交媒体、科学、引用分析、影响和开放获取等内容展开的。从共现发生的时间来看(参考图像上方色条),网络、科学和引用分析等主题共现的时间比较早,大约在 2007 年左右,专门的学术社交网络还没有受到太多的关注,但大家已经开始关注基于网络的科学文献引用分析。2009 年到 2013 年期间,社交媒体、计量、指标、知识、协作、引用、影响、学术交流和 Web 2.0 等研究主题受到关注,说明随着众多基于 Web 2.0 的社交媒体和社交网络在学术圈的广泛应用,在关于论文在线使用的计量指标,尤其是它和传统文献引用之间的关系,及其作为传统计量方法替代和补充的可行性等方面进行了大量的讨论和分析,而且开始关注社交媒体网络在科学合作和学术知识交流等方面的作用。2015 年以后,在前期研究的基础上,涌现出大量专门的学术社交网络,比如 ResearchGate、Academia.edu 和 Mendeley 等的出现,使学术社交网络中生成的学术知识交流的信息更为系统,其中不但涉及学者之间的社会交流和学术知识交流,而且积累了大量的学者与文献之间,以及文献与文献之间的使用和交流数据,这对于更进一步的 ASN 数据挖掘与分析,及其所支持的替代计量研究提供了条件。

(六)聚类分析

在 ASN 研究文献共被引分析的基础上按关键词进行聚类分析,生成聚类分析视图如图 2.16 所示。可见,关于 ASN 的主要研究聚类包括语义网、开放访问、数字化学术、生命科学、服务、研究影响、论文衰减、框架和高校教师等 10 个聚类。其中不同结点之间连线的灰度表示不同的时间分区(参考图像上方色条灰度)。如图所示,语义网和框架等聚类的文献早期(2007 年以前)的共被引现象比较强烈,Altman R. B. (2004)、Albert K. M. (2006)和 Ananiadou S. (2006)等文献对这些研究的发起和衔接起到了关键作用。研究影响、论文衰减和大学教师等聚类的文献在 2012 年到 2014 年左右在共被引方面比较活跃,而近

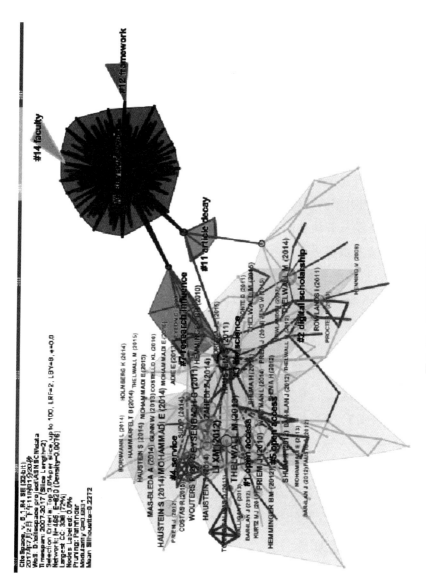

图 2.16 ASN 研究聚类视图

年来比较活跃的研究主题包括开放获取、数字化学术、生命科学和服务等。因此,ASN 早期的研究是源于语义网等技术框架的发展,学者使用博客、推特、Facebook 等的兴趣增加,他们使用这些 Web 2.0 工具进行社会交互和学术交流,有人用 Library 2.0 或 Science 2.0 来描述这种现象。随后,学者在线交互和文献使用的数据被用于研究学术影响和论文衰减的计量指标,这些前期研究为后来 Altmetrics 概念的提出和研究发展奠定了基础。在这一研究的发展和转换过程中,文献 Brody T.(2006)和 Altman R. B.(2007)等起到了衔接作用。最近几年,一些大规模在线 ASN 的出现,汇聚了越来越多的学者,他们在线共享了大量的研究论文和数据,也生成了大量的学者间交流、对话、论文分享、使用和引用的数据,更进一步推动 ASN 研究的全面发展和系统化。大家开始从开放获取、数字化学术和学术交流与合作服务等方面对这些系统及数据进行深入挖掘。在 ASN 的应用过程中,生命科学走在了前面,形成了一个较大的研究聚类。在这一研究主题的转换过程中,Haustein S.(2011)、Waltman L.(2014)和 Bollen J.(2009)等文献起到了关键结点的作用。

从聚类分析时间线视图来看(图 2.17),关于语义网、开放访问、数字化学术、生命科学、服务和研究影响等聚类的文献发生的共被引现象比较密集,这几个聚类还集中了影响力比较大、比较关键的一些结点,它们构成了 ASN 研究的主要阵地。语义网技术和框架等聚类的文献共被引现象发生的时间比较早,后面逐渐消退,说明它们在 ASN 研究领域,扮演了技术框架和基础的作用。最近的研究则主要以开放获取、数字化学术和服务等方面的研究为主,而且还有继续上升的迹象,将成为未来进一步研究的主要发展趋势。

三、研究发现

近年来,关于学术社交网络研究的发文量和引用频次都在逐年上升。越来越多的学者、研究机构和学术刊物都开始进行学术社交网络的研究,这说明它已经越来越受到学界的重视。学术社交网络作为学

第二章 学术交流的变革

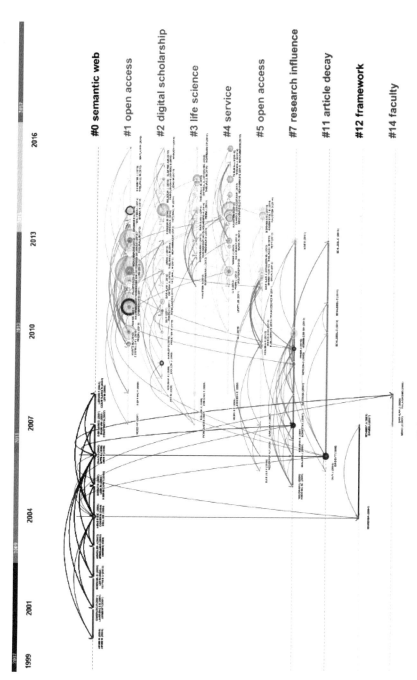

图 2.17 ASN 研究聚类时间线视图

者在 Web 2.0 环境下进行社会交互、学术交流以及文献分享、引用和使用的重要渠道,已经得到了大量的应用。通过使用 CiteSpace 软件对数据进行文献共引和共被引分析,可以挖掘出 ASN 研究领域的重要文献结点,同时通过生成 ASN 研究知识图谱,可以揭示其研究的起源、发展脉络和未来趋势。

(一) ASN 研究起源

传统学术出版经过多年的发展,已经成为学者之间进行学术交流的主要方式。对于学术刊物和论文影响的测量,发展出多种计量方式,比如使用传统数据库中的引用次数来评价论文的影响力。但是,这种传统学术交流的效率比较低下,而且一条文献被其他文献引用也需要较长的时间周期,因此传统学术出版和文献影响计量方法虽然比较成熟,但同时也面临一些挑战。Web 2.0 不仅仅是技术的发展,而且拉近了学者之间的距离,加强了他们之间的社会交互和网络关系。随着学者们大量使用 Blog、Facebook 和推特等社交网络和在线引文管理系统,生成了大量的学术交流和研究论文在线引用、评论、标注和标签等行为数据。这些数据在时效上要优于传统的学术出版,而且很多人发现它们能够在一定程度上预见一条文献未来的引用率和影响,即能够作为一种新的文献计量方法,并发展出一个新的研究分支——替代计量学(Altmetrics)。随着学者之间在线社会交互、在线引文管理、文献分享和获取等方面的需求日旺,越来越需要一种综合这些功能特点的社交网络服务,于是学术社交网络应运而生,出现了 Academia. Edu, Mendeley 和 ResearchGate 等大规模在线学术社交网络,支持学者在线分享个人发表的研究论文,目前全球已经有上千万学者注册使用,分享了上亿篇论文。

(二) ASN 研究发展脉络

随着网络技术尤其是语义网的发展,Altman R. B. 和 Ananiadou S. 等人于 2004 年提出构建生物和生物医学类文献数据库,以及使用数据挖掘技术对这些数据库中的数据进行挖掘,这对传统的学术出版市场来说是一种颠覆性的创新,同时也促进了学术资源开放获取的研究与实践。语义网技术和社交网络在学术资源交流和在线开放获取中的渗透,形成了两个重要的研究聚类,即开放获取和数字化学术。受到开放教育资源运动的影响,Albert K. M. 对开放学术资源对学术出版和医学图书馆事业的重要启示进行了探讨。大量学术资源在线开放获取,缩短了研究论文传播的时间周期,同时语义网技术的应用,也提高了学术资源推送的精准性。2010 年以后,学术社交网络的兴起,其用户覆盖范围越来越大,生成了大量学者用户在线进行学术交流和学术资源使用的数据,Bollen J.、Thelwall M.、Bonetta L.、Priem J. 和 Brody T. 等人对这些数据的科学评价和计量学的作用与价值进行了讨论和分析,他们重点研究了这些数据对预测论文影响、引用频次,识别不同学科学者 ASN 使用模式,合作者、跨学科合作和跨国合作模式等方面的作用,尤其探讨了基于 ASN 的 Altmetrics 作为传统文献计量学的替代和补充方式的可能性。

(三) ASN 研究未来趋势

学术社交网络为学者进行社会交互和知识交流提供了更具时效性和更便捷的通道。一方面,来自不同学科、不同国家和不同地区的大量学者都已经成为 ASN 用户,他们在线分享学术资源、交流学术知识,生成了大量的文献、学者、引用、合作、分享和社会交流等数据,形成了比传统学术网络更多样化的在线学术知识交流网络,极具研究价值。目前 ASN 研究主要集中于使用者的人口统计学特点、替代计量学和采纳应用过程等方面,而对不同用户群体使用 ASN 的动机、目标、偏好和模式等方面的研究仍有进一步挖掘的空间。另一方面,基于 ASN 生成的用户交流和资源使用数据,挖掘和识别其中的知识交流机制,将可能给基于传统学术网络的学术交流理论带来重大的发展。因此,未来使用大数据、语义网和社会网络分析等技术和方法分析 ASN 的知识交流的特点和规律,将会成为一个重要的研究方向。

四、结论

我们使用 CiteSpace 软件对 Web of Science 核心数据库收录的 ASN 研究文献数据进行共被引和共现分析,揭示出目前学术社交网络研究领域的起源、发展脉络、重要研究主题,以及重要研究文献、作者、研究机构和学术刊物。我们发现,ASN 研究起源于学者对一些社交网络和媒体的使用,他们利用这些 Web 2.0 服务进行人际沟通和学术知识的分享与交流,拓宽了传统的基于学术出版的学术网络,缩短了学术交流和论文影响的周期。学术社交网络集成了社交网络、开放获取和在线文献管理软件等的技术特点,吸引了国内外大量学者用户注册使用,形成了一种全新的学术合作和知识交流的在线虚拟环境。目前 ASN 已经成为图书馆情报学研究领域的一个热点问题,大家对学术社交网络的用户特点、学科差异和文献计量学方法等方面进行了大量的研究。应该说,在线学术社交网络是传统学术网络在信息化环境下的重大突破,它不但使学术网络扩展到在线,而且还加强了学者间的人际交往和社会交互,能够帮助识别科学合作与交流,识别和发现潜在的合作者。因此,基于 ASN 的知识交流机制是对传统学术交流机制的一种颠覆性发展,将会是未来重要的研究方向之一。

第三章
高校机构层面的 Altmetrics 研究

本章主要通过数据采集与分析,一方面,比较国内外一流高校研究成果被 Web of Science 核心数据库收录的情况和学科分布情况,以及这些研究成果的 Altmetric.com 覆盖率,揭示国内外一流高校研究成果 Altmetric.com 覆盖率的差异及原因,为提高国内"双一流"建设高校的社会网络影响力提供参考。另一方面,揭示国内外高校学术数据传播最常用的社交媒体平台及其学术影响,以及这些高校研究论文的 Altmetrics 指标分数与它们在 ARWU、Leiden、THE、QS 和 Nature Index 等大学排名系统得分之间的相关性,探讨将 Altmetrics 作为评价高校科研影响力数据来源的必要性和可行性,为"双一流"高校建设提供参考信息。

第一节 研究方法与数据获取

本章主要通过数据采集与分析方法,了解国内外一流高校 2021 年 WoS 收录研究成果在 Altmetric.com 中的覆盖范围及使用情况,检验将 Altmetrics 作为高校科研影响力计量评价数据来源的必要性和可行性,主要研究目标为:(1)分析高校机构层面研究成果在 Altmetric.com 中的覆盖范围,验证其作为评价高校学术影响力替代指标测评数据来源的可行性;(2)比较国内外一流高校研究成果的 Altmetric.com 覆盖率在文献总量、学科和社会网络媒体等方面存在的国内外差异,并分析差异形成的原因;(3)为提升国内"双一流"建设高校在学术社交网络中的科学影响力提供参考建议。

一、样本高校选取

本章致力于揭示国内外一流高校研究成果的 Altmetric.com 覆盖情况,因此在高校样本选取时主要考虑其综合实力。国内高校选择2017年教育部公布的42所世界一流大学建设高校,国外高校则选择2021软科世界大学学术排名前20的高校。它们基本覆盖了国内外学术排名靠前的高校,其研究成果的 Altmetric.com 覆盖情况在国内外一流大学中具有较强的代表性。样本高校的基本情况、2021年被 Web of Science 核心数据库收录的论文数量及其中具有 DOI 号码的论文比例的总体情况描述如表3.1及表3.2所示。[1][2]

表3.1 "双一流"建设高校基本情况描述

大学	成立年份	地区/城市	WoS 论文数	DOI 比例
北京大学	1898	北京	12 568	99.11%
中国人民大学	1950	北京	1 037	98.84%
清华大学	1911	北京	12 931	99.39%
北京航空航天大学	1952	北京	5 693	99.65%
北京理工大学	1952	北京	5 628	99.47%
中国农业大学	1949	北京	4 066	99.53%
北京师范大学	1902	北京	4 121	99.51%
中央民族大学	1941	北京	266	100.00%
南开大学	1919	天津	4 528	99.43%
天津大学	1895	天津	8 218	99.57%

---

[1] 中华人民共和国教育部. 教育部 财政部 国家发展改革委关于公布世界一流大学和一流学科建设高校及建设学科名单的通知[EB/OL]. [2020-09-30]. http://www.moe.gov.cn/srcsite/A22/moe_843/201709/t20170921_314942.html.
[2] 世界一流大学研究中心. 2021世界大学学术排名[EB/OL]. [2020-09-30]. https://www.shanghairanking.cn/rankings/arwu/2021.

续表

大学	成立年份	地区/城市	WoS论文数	DOI比例
大连理工大学	1949	大连	6 265	99.47%
吉林大学	1949	长春	8 007	98.78%
哈尔滨工业大学	1920	哈尔滨	9 158	99.45%
复旦大学	1905	上海	11 561	98.94%
同济大学	1907	上海	8 722	98.98%
上海交通大学	1896	上海	17 726	98.92%
华东师范大学	1951	上海	3 335	99.61%
南京大学	1902	南京	7 805	99.41%
东南大学	1902	南京	8 236	99.49%
浙江大学	1897	杭州	17 036	99.08%
中国科学技术大学	1958	合肥	10 087	99.52%
厦门大学	1921	厦门	5 459	99.18%
山东大学	1901	济南	10 656	98.64%
中国海洋大学	1924	青岛	3 288	99.30%
武汉大学	1928	武汉	9 868	98.98%
华中科技大学	1952	武汉	11 694	98.89%
中南大学	1903	长沙	11 732	98.99%
中山大学	1924	广州	13 764	98.90%
华南理工大学	1934	广州	7 142	99.51%
四川大学	1896	成都	11 767	98.91%
重庆大学	1929	重庆	6 397	99.33%
电子科技大学	1956	成都	5 822	99.45%
西安交通大学	1896	西安	10 420	99.07%
西北工业大学	1938	西安	6 226	99.33%
兰州大学	1909	兰州	4 360	98.99%
国防科技大学	1953	长沙	2 634	99.43%
东北大学	1923	沈阳	1 648	98.60%

续表

大学	成立年份	地区/城市	WoS论文数	DOI比例
郑州大学	1956	郑州	9 262	98.78%
湖南大学	1926	长沙	4 430	99.64%
云南大学	1923	昆明	1 784	99.61%
西北农林科技大学	1934	杨凌	3 771	99.79%
新疆大学	1924	乌鲁木齐	1 355	99.04%

表3.2 国际样本高校基本情况描述①

大学	成立年份	地区/城市	WoS论文数	DOI比例
哈佛大学	1636	美国马萨诸塞州	25 412	99.14%
斯坦福大学	1891	美国加利福尼亚州	10 680	99.15%
剑桥大学	1209	英国剑桥郡	9 155	99.39%
麻省理工学院	1861	美国马萨诸塞州	7 494	99.15%
加州大学-伯克利	1868	美国加利福尼亚州	6 207	98.97%
普林斯顿大学	1746	美国新泽西州	3 495	99.14%
牛津大学	1096	英国牛津	10 770	99.18%
哥伦比亚大学	1754	美国纽约州	8 192	99.04%
加州理工学院	1891	美国加利福尼亚州	3 775	99.50%
芝加哥大学	1890	美国伊利诺伊州	4 351	98.99%
耶鲁大学	1701	美国康涅狄格州	7 395	98.99%
康奈尔大学	1865	美国纽约州	7 721	98.95%
巴黎-萨克雷大学	2014	法国巴黎	9 882	99.37%
加州大学-洛杉矶	1919	美国加利福尼亚州	8 664	99.20%
宾夕法尼亚大学	1740	美国宾夕法尼亚州	9 400	99.06%

---

① 世界一流大学研究中心. 2021世界大学学术排名[EB/OL]. [2020-09-30]. https://www.shanghairanking.cn/rankings/arwu/2021.

续表

大学	成立年份	地区/城市	WoS论文数	DOI比例
约翰斯·霍普金斯大学	1876	美国马里兰州	11 501	99.16%
伦敦大学学院	1826	英国伦敦	12 254	99.22%
加州大学-圣地亚哥	1960	美国加利福尼亚州	7 730	99.04%
华盛顿大学-西雅图	1861	美国华盛顿州	9 759	98.62%
加州大学-旧金山	1864	加利福尼亚州旧金山	7 287	98.96%

二、数据获取与处理

研究团队于2022年1月期间检索了上述42所中国"双一流"建设高校以及20所国际一流高校2021年被Web of Science(WoS)核心合集(版本=A&HCI, SCI-EXPANDED, SSCI)收录的所有论文,共检索到国内文献数据310 473条,国际文献数据181 124条,包括作者、标题、来源出版物、被引频次、所属机构、文献类型、WoS类别、研究方向以及DOI号码,便于进一步检索这些文献的Altmetric.com数据记录。检索结果如表3.1及表3.2所示,其中国内高校共有307 901条文献具有DOI编码,占文献总数的99.17%;国际高校共有179 519条文献具有DOI编码,占文献总数的99.11%。可见,国内外一流高校2021年Web of Science核心合集收录文献中具有DOI编码的比例接近,均在98.6%以上,为后续通过DOI编码检索它们的Altmetric.com数据提供了便利。我们根据Web of Science研究领域(research areas)字段,将检索到的所有491 597条文献重新分配至中华人民共和国教育部设置的12个普通高等学校本科专业目录:哲学、经济学、法学、教育学、文学、历史学、理学、工学、农学、医学、管理学和艺术学[1]。

---

[1] 中华人民共和国教育部.教育部关于印发《普通高等学校本科专业目录(2012年)》《普通高等学校本科专业设置管理规定》等文件的通知[EB/OL].[2020-09-30]. http://www.moe.gov.cn/srcsite/A08/moe_1034/s3882/201209/t20120918_143152.html.

本研究以 Altmetric.com API 为 Altmetrics 数据获取来源。Altmetric.com 成立于 2011 年,得益于和 Nature、Wiley Journals 等顶级出版机构合作,目前已经成为全球占据主导地位的 Altmetrics 产品之一。它同时追踪公共政策文档、主流媒体、在线引文管理、专利、开放教学大纲项目、社会媒体对研究成果的提及情况数据,目前已经在国内外知名研究机构、研究人员和大学中得到广泛应用。Altmetric.com 为学术研究项目提供了免费的数据访问接口:Altmetric Details Page API。研究团队向其申请了 Altmetric API 密钥,利用 Python 语言编程访问 Altmetric API,通过 DOI 编码检索获取上述 491597 条 WoS 文献在 Altmetric.com 中的社交媒体引用提及数据和 Altmetric 分数(Altmetric Attention Score, AAS)。最终,我们检索到具有 Altmetric.com 记录的文献数据共 248157 条,其中署名国内高校的 105677 条,署名国际高校的 142480 条。

由于 Altmetric.com 数据记录不包含研究领域,而且涉及的数据量巨大,需要从 WoS 数据信息中提取专业领域字段。我们将获取的 WoS 数据和 Altmetric.com 数据同时导入 ACCESS 数据库,利用连接查询从两个数据表中分别检索所需要的信息,连接成一个包含专业领域字段的 Altmetric.com 数据表,再使用 SQL 语言按学科领域计算出国内外一流高校 2021 年 WoS 收录论文在 Altmetric.com 中的覆盖情况。

第二节 国内外一流高校研究成果的 Altmetrics 覆盖率及其比较

信息化环境下,电子出版、开放获取和社交网络媒体等在高等教育机构中广泛应用,形成了一种新的学术交流机制,为评价高校科研影响力提供了新的学术交流数据来源。为了在这种新的学术交流环境下更全面、更系统地反映高校多维度的科学影响力,需要改进已有的测评工具,或者发展新的测评工具。Priem J. 等(2010)首次提出了替代计量学(Altmetrics)的概念:基于社会网络创建和研究用于分析和告知学术表现的新指标,主要使用网络标签和评论等方式作为传统文献评价的补充或替代方式①。随着学术资源存取的日益开放化和网络化,涌现出众多的 Altmetrics 数据源及数据提供平台。一些新的计量方法也被提出来,以探讨数字环境下论文、作者、期刊和机构在社交网络媒体中的影响力②。

和传统文献计量学相比,Altmetrics 体现出一些新的特点。首先,它与互联网,尤其是社交网络密不可分;其次,它是由创建新计量指标的必要性以及社交网络相关数据的可用性两方面共同驱动的;最后,Altmetrics 和传统文献计量学的影响测量方面仍然存在共同之处,众多研究均发现 Altmetrics 指标和传统数据库引用影响指标之间存在显著的相关性③④⑤⑥⑦。

学术社交网络能够增强高校研究成果的可见度,从而提高引用率⑧。了解高校研究成果的 Altmetrics 覆盖率,并在此基础上制定覆盖率提升计划,对于提升高校的科学影响力十分重要。一些研究选择部

---

① Priem J., Taraborelli D., Groth P., Neylon C.. Altmetrics: A Manifesto [EB/OL]. [2020-08-01]. http://altmetrics.org/manifesto.
② Roemer R. C., Borchardt R.. Meaningful Metrics: A 21st Century Librarian's Guide to Bibliometrics, Altmetrics, and Research Impact [M]. Chicago, Illinois, USA: Association of College and Research Libraries, A Division of the American Library Association, 2015.
③ 由庆斌,汤珊红. 不同类型论文层面计量指标间的相关性研究[J]. 图书情报工作,2014,58(8):79—84.
④ 余厚强. 替代计量指标与引文量相关性的大规模跨学科研究——数值类型、指标种类与用户类别的影响[J]. 情报学报,2017,36(6):606—617.
⑤ 赵蓉英,郭凤娇,谭洁. 基于 Altmetrics 的学术论文影响力评价研究——以汉语言文学学科为例[J]. 中国图书馆学报,2016,42(1):96—108.
⑥ Thelwall M., Haustein S., Larivière V., et al.. Do Altmetrics Work? Twitter and Ten other Social Web Services [J]. Plos One, 2013,8(5):e64841.
⑦ Lutz C., Hoffmann C. P.. Making Academic Social Capital Visible: Relating SNS-based, Alternative and Traditional Metrics of Scientific Impact [J]. Social Science Computer Review, 2018,36(5):632-643.
⑧ Batooli Z., Ravandi S. N., Bidgoli M. S.. Evaluation of Scientific Outputs of Kashan University of Medical Sciences in Scopus Citation Database based on Scopus, ResearchGate, and Mendeley Scientometric Measures [J]. Electronic Physician, 2016,8(2):2048-2056.

分高校进行了案例分析,探讨高校研究产出的 Altmetrics 覆盖范围,并对这些覆盖范围进行了跨学科的比较研究。Torres-Salinas D. 等 (2016)以四所西班牙大学为例,从机构层面分析了 Altmetric.com 的覆盖范围,讨论了将其作为评价大学研究活动数据来源和替代指标的可行性,发现 Altmetric 指标覆盖率较低,只有大约 36% 的 WoS 文献具有 Altmetric 分数,达不到支持其成为替代文献计量指标的合理覆盖率;学科方面,科学和社会科学领域研究文献的 Altmetrics 覆盖率要高于工程技术和人文与艺术学科领域[1]。Costas R. 等(2015)等人对跨学科领域的 Altmetrics 和引用分布进行了详细分析,发现生物医学和健康科学、社会科学、人文和艺术领域的 Altmetrics 数据覆盖率最高,有超过 22% 的出版物至少具有一个 Altmetrics 分数。这种覆盖率的差异可能和国家、语言、研究人员对社交媒体使用的意向和活跃度、研究的国际协作网络与国际合作率、政策导向(如鼓励研究人员通过社交媒体传播研究成果,强调使用 DOI、ArXiv、PubMed ID 等标准化标识符等)等方面有关。[2]

可见,随着开放获取、社交媒体,尤其是学术社交网络对学术论文及研究人员的覆盖范围日益扩大,高校研究成果的 Altmetrics 计量指标也正变得越来越不容忽视。Altmetrics 不是对文献计量学的替代,而是在适应当前实践和工具背景下对学术活动进行测量、跟踪和分析的一种延伸[3]。然而,机构层级 Altmetrics 的应用研究仍然存在一定的局限:虽然通过统计方法证明了整体上 Altmetrics 指标与传统文献计

---

[1] Torres-Salinas D., Robinson-Garcia N., Jiménez-Contreras E.. Can We Use Altmetrics at the Institutional Level? A Case Study Analysing the Coverage by Research Areas of Four Spanish Universities [J]. arXiv preprint arXiv:1606.00232, 2016.

[2] Costas R., Zahedi Z., Wouters P.. Do "Altmetrics" Correlate with Citations? Extensive Comparison of Altmetric Indicators with Citations from a Multidisciplinary Perspective [J]. Journal of the Association for Information Science and Technology, 2015, 66(10): 2003 - 2019.

[3] Roemer R. C., Borchardt R.. Meaningful Metrics: A 21st Century Librarian's Guide to Bibliometrics, Altmetrics, and Research Impact [M]. Chicago, Illinois, USA: Association of College and Research Libraries, A Division of the American Library Association, 2015.

量学指标之间的相关性,但选择的高校机构样本比较少,可能会限制研究结论的代表性;缺乏对不同学科研究成果 Altmetrics 覆盖率差异的更细致深入的分析和讨论。这些是评估 Altmetrics 能否作为高校科研影响力评价指标的重要方面。因此,虽然 Altmetrics 已经经过 10 多年的发展,但与他们所承诺的将其作为一种衡量学术影响的替代指标之间仍然存在不小的差距。

一、数据分析

(一) 样本高校研究成果 WoS 收录情况

国内外一流高校 2021 年被 WoS 核心数据库收录的所有文献中,占比最高的三个学科分别是工学、医学和理学,如图 3.1 所示。国内高校三个学科的文献占总量的 93.88%,国外占总量的 91.68%,然后是交叉学科和农学,国内外这五个学科的文献分别占到总量的 99.40%

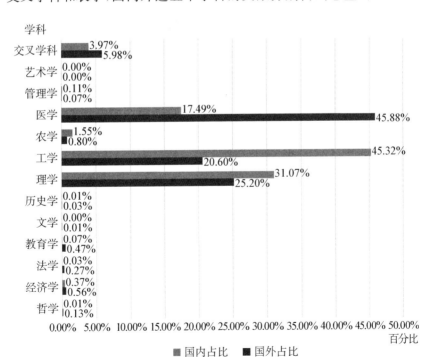

图 3.1 国内外一流高校 2021 年 WoS 收录文献学科分布情况比较

和98.46%。目前,世界上主流的高校排名系统普遍采用Web of Science、Scopus等数据库收录的文献数量作为衡量高校科研影响力的重要指标,但实际上所谓国际论文数量对艺术学、管理学、历史学、文学、教育学、法学、经济学和哲学等学科的代表性相当小,还不到总量的2%。因此,以理工科、医学等学科专业为主的高校在大学排名系统中往往占据绝对优势,而以哲学、法学、文学、历史学和艺术学等学科为特色的高校则相对处于劣势。因此,基于传统文献计量学的高校科研影响力计量评价标准和方法在学科方面存在偏差,难以客观、公平地反映不同类型高校的科研影响力,这也是需要重点解决的问题之一。

(二)高校机构层面研究成果的Altmetric覆盖情况

我们在Costas R. 等(2015)和Torres-Salinas D. 等(2016)研究的基础上,探讨2021年国内外一流大学Web of Science核心数据库收录文献在Altmetric.com数据库中的覆盖率,检验其作为衡量高校机构层面科研网络影响力指标的可行性。

1. "双一流"建设高校研究成果的Altmetric覆盖情况

来自中国的42所"双一流"建设高校2021年Web of Science核心数据库收录的文献中,共计105 677条文献具有Altmetric.com记录,占总数的34.04%,这意味着有34.04%的文献在社交网络媒体中被提及,并具有在此基础上计算得出的Altmetric分数。当然,这一比例因大学及学科领域的不同而异。

各高校2021年WoS文献数据的Altmetric.com覆盖情况统计如图3.2所示。2021年,"双一流"建设高校WoS文献总体Altmetric覆盖率为34.04%,和Torres-Salinas D. 等(2016)选取的四所西班牙大学36%的覆盖率接近。但是,本研究使用的文献样本为来自42所"双一流"建设高校的310 473条记录,远超他们研究所采用的四所西班牙大学的5 922条文献记录。因此无论是在高校样本还是文献样本的选取上,本研究无疑都更具代表性。其中,东北大学是Altmetric.com数据覆盖率最高的大学,其2021年WoS收录研究文献中有61.77%具有

第三章 高校机构层面的 Altmetrics 研究

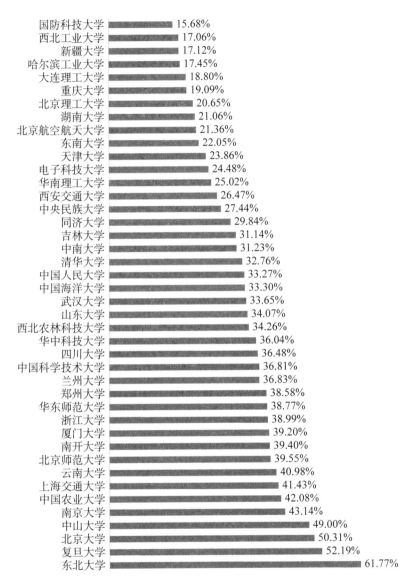

图 3.2 "双一流"建设高校 WoS 2021 年文献数据的 Altmetric 覆盖情况统计

Altmetric 分数；其次是复旦大学和北京大学，他们研究文献的 Altmetric.com 数据覆盖率分别为 52.19% 和 50.31%；然后是中山大学、南京大学、中国农业大学、上海交通大学和云南大学，它们研究文献的覆盖率分别为49.0%、43.14%、42.08%、41.43%和40.98%。共计26所高校研究文献的Altmetric.com数据覆盖率超过30%，占"双一流"建设高校总数的61.90%。可见，随着近年来Altmetric的迅猛发展，已经有相当份额的"双一流"建设高校研究成果在社交网络媒体中得到应用或提及，社交网络媒体正成为形成新的学术影响力的重要场所。

从学科分布情况来看，法学学科研究文献的Altmetric.com数据覆盖率最高，达到70.00%；其次分别为交叉学科、医学和哲学等学科的研究文献，它们的Altmetric.com数据覆盖率分别为58.06%、57.87%和55.56%；然后是教育学和历史学研究文献，它们的数据覆盖率分别为46.05%和45.16%；然后依次是理学、文学、农学和工学，覆盖率分别为36.66%、33.33%、29.15%和21.23%。但是，法学、哲学和教育学等学科研究文献的总量非常少，显示出来的高覆盖率并不具有代表性；工学和理学两个学科的文献数量合计达到总量的76.39%，而它们的Altmetric.com数据覆盖率仅为27.50%。

2. 国际一流大学研究成果的Altmetric覆盖情况

2021软科世界大学学术排名前20的高校2021年WoS核心数据库收录文献的Altmetric.com覆盖情况统计如图3.3所示。伦敦大学学院是Altmetric.com数据覆盖率最高的大学，该校2021年WoS收录研究文献中有87.42%具有Altmetric分数；其次是加州大学-旧金山分校和哈佛大学，Altmetric.com数据覆盖率分别为85.01%和82.61%；然后是耶鲁大学和牛津大学，数据覆盖率都超过了80%；此外，除巴黎-萨克雷大学外的其他14所高校的Altmetric.com数据覆盖率均在70%以上。

3. 学科视角下国内外高校研究成果的Altmetric覆盖情况比较

从13个不同的学科领域来看，国际高校研究文献的Altmetric.com数据覆盖率都要高于国内"双一流"建设高校，如图3.4所示。从国际高校数据来看，Altmetric.com数据覆盖率较高的学科分别是法学、教育学、文学、医学和交叉学科，这些学科中有超过83.0%的研究论文具有Altmetric分数；而从国内数据来看，哲学、法学、医学和交叉学科的

第三章 高校机构层面的 Altmetrics 研究

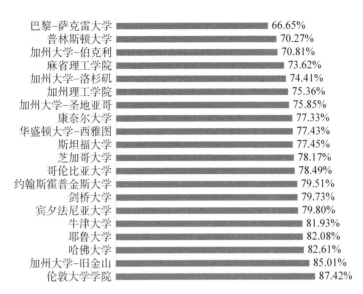

图 3.3 ARWU 前 20 高校 WoS 2021 年文献数据的 Altmetric 覆盖情况统计

Altmetric.com 数据覆盖率较高，有超过 55％ 的研究论文具有 Altmetric 分数。但是这些学科中，除医学和交叉学科外，像哲学、法学、教育学和文学等学科的研究文献在总量中所占的比例非常低，甚至还没有达到 0.5％。因此，这些学科研究成果的高 Altmetric.com 数据覆盖率带有较大的偶然性，不具备代表性。

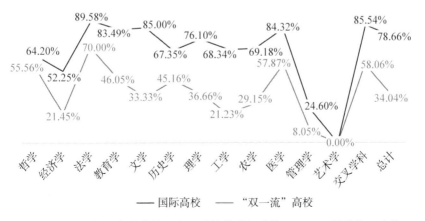

图 3.4 2021 年国内外高校研究文献按学科领域的 Altmetric 覆盖情况比较

4. 社交媒体视角下国内外高校研究成果的Altmetric覆盖情况比较

从Altmetric.com各来源数据社会网络媒体的具体指标来看，国际高校研究文献在各大社会网络媒体中的覆盖率都要高于国内"双一流"建设高校，如图3.5所示。国际高校文献数据覆盖率较高的社会网络媒体分别是Twitter、News、Blogs和Facebook，覆盖率分别是77.10%、18.73%、14.06%和10.76%；国内高校研究文献数据覆盖率较高的社会网络媒体同样是Twitter、News、Blogs和Facebook，但覆盖率要低很多，分别是32.55%、3.56%、1.97%和1.48%，还不及国际高校的一半。在这些媒体中，又以Twitter的覆盖率最高，比其他社会网络媒体覆盖率的总和还要高。事实上，研究文献在Google+、Q&A、Delicious和Forums等媒体中也存在提及、阅读和使用情况，但Altmetric.com没有采集，或者曾经采集但现在不再采集其中的数据而使其覆盖率显示为0。这些社会网络媒体无一不是英文媒体，Altmetric.com早期宣称将新浪微博作为AAS数据来源之一，但从2015年以后不再采集。① 因此，Altmetric.com并没有做到它所宣称的

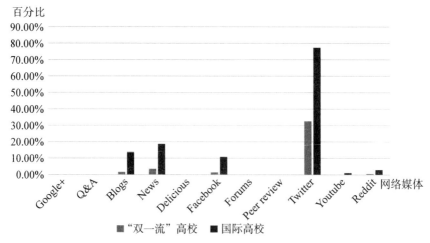

图3.5　2021年国内外高校研究文献按Altmetric具体指标覆盖情况比较

---

① Altmetric. How is the Altmetric Attention Score calculated？[EB/OL]. [2022-12-06]. https://help.altmetric.com/support/solutions/articles/6000233311-how-is-the-altmetric-attention-score-calculated-.

数据来源的多元化,而是更偏向于英文媒体,这将使其数据的代表性存在偏差:对英语国家高校以及以英文发表的研究成果的代表性过度,而对其他国家高校以及以其他语言发表的研究成果的代表性则严重不足。

二、结论及建议

(一) 一流高校研究成果的 Altmetric 覆盖范围

Altmetric.com 从 2011 年 7 月起开始收集数据,当年大约有 10.8% 具有 DOI 编码的研究文献获得了 Altmetric 分数,2012 年这一份额增加到 23.8%,2013 年超过 25%[1]。Torres-Salinas D. 等(2016)发现选取的四所西班牙高校 2014 年研究成果的 Altmetric.com 覆盖率达到 36%[2]。Banshal S.K. 等(2019)发现 2019 年全球研究成果的社交媒体覆盖率大概为 46.7%,印度要比世界平均水平低 18%,约为 28.5%[3]。Torres-Salinas D. 等(2022)对 15 个欧盟国家和美国 2016 年到 2020 年期间被 Web of Science 收录的研究论文的 Altmetric.com 覆盖情况进行了分析比较,发现欧盟国家研究成果的覆盖率大概为 56%,略低于美国的 61%[4]。本研究发现,国内 42 所"双一流"建设高校研究论文的 Altmetric.com 覆盖率为 34.04%,而国际一流高校的这一覆盖率总体上达到了 78.66%。因此从不同的样本来看,国内外高校研究成果的 Altmetric.com 覆盖率已经达到了相当的份额,Altmetric 已经成为衡量

---

[1] Costas R., Zahedi Z., Wouters P.. Do "Altmetrics" Correlate with Citations? Extensive Comparison of Altmetric Indicators with Citations from A Multidisciplinary Perspective [J]. Journal of the Association for Information Science and Technology, 2015, 66(10): 2003 - 2019.

[2] Torres-Salinas D., Robinson-Garcia N., Jiménez-Contreras E.. Can We Use Altmetrics at the Institutional Level? A Case Study Analysing the Coverage by Research Areas of Four Spanish Universities [J]. arXiv preprint arXiv:1606.00232, 2016.

[3] Banshal S.K., Singh V.K., Muhuri P.K., et al.. How much Research Output from India Gets Social Media Attention? [J]. Current Science, 2019, 117(5): 753 - 760.

[4] Torres-Salinas D., Robinson-García N., Arroyo-Machado W.. Coverage and Distribution of Altmetric Mentions in Spain: A Cross-Country Comparison in 22 Research Fields [J]. Profesional de la información, 2022, 31(2): e310220.

高校研究成果学术影响力不容忽视的方面。但是,目前不同国家高校研究成果的覆盖率之间存在差异,将其作为评价高校学术影响力的替代指标将不可避免地带来偏差。因此,我们需要持续跟进高校研究成果的Altmetric覆盖率及其影响力,并在此基础上开发新的计量评价方法以缓解偏差。

(二) 国内外一流高校研究成果的Altmetric.com覆盖率差异

国内外一流高校研究成果在Altmetric.com中的覆盖率在文献总量、学科领域和社会网络媒体等方面均存在较大的差异。首先,国内"双一流"建设高校研究在文献总量、分学科领域和社交网络媒体的覆盖率方面都要远低于国际高校;其次,综合国内外一流高校研究成果的覆盖率来看,还存在显著的跨学科差异和跨社交网络媒体差异。从跨学科领域来看,法学、医学和交叉学科等方面研究文献的覆盖率要显著高于其他学科,艺术学和经济学的覆盖率比较低。从跨媒体平台来看,国内外高校研究文献数据覆盖率最高的社会网络媒体是Twitter,超过其他社会网络媒体覆盖率的总和。

这种差异形成的原因是多方面的,不可否认美国和英国在高等教育领域存在优势,但是语言及国家地域可能也是非常重要的影响因素。WoS收录的文献主要以英文文献为主,英语国家高校研究文献的收录率要更高,也更容易被Twitter、Facebook、Pinterest和Reddit等英语社交网络平台提及。而且,Altmetric.com数据源优先选择英语社交网络平台,来自英语国家的高校用户对这些平台的使用要比非英语国家更加普遍。一些国内的知名学术社交网络比如"科学网"就因为语言的限制以及数据标准的不一致而无法成为其数据源选项。国际学术排名前20的高校中只有巴黎-萨克雷大学不是英国或美国境内的高校,该校研究文献的Altmetric.com覆盖率在国际样本高校中最低。之前的一些研究也发现英语国家和北欧国家研究成果的Altmetric.com覆盖率要显著高于其他非英语国家和地区。因此,语言和国家地域可能是影响研究成果Altmetric.com覆盖率的重要因素,这也使得

Altmetric 分数实际上欠缺对研究成果在非英语社交网络媒体中的学术影响的考虑。

（三）Altmetric 分数作为计量评价指标的潜力仍有待挖掘

虽然高校研究成果在 Altmetric.com 中具有一定的覆盖率，但将其作为高校科研影响力计量评价指标的潜力仍有待深入挖掘。首先，它偏向于英文社交网络媒体和在英文期刊上发表的论文，从而导致不同国家高校研究成果的覆盖率之间存在巨大的差异，将其作为评价高校学术影响力的替代指标将不可避免地带来偏差，影响评价的客观性、公平性。其次，虽然 Altmetric.com 宣称其数据来源多元化，但实际上很多社会网络媒体数据字段都为空，并没有真正体现数据来源的多元化。而且，它的计算标准和方法以及对各数据字段的使用缺少透明度，还需要更多的实证分析以更好地了解 Altmetric.com 数据来源的质量，校准研究领域、国家和语言等方面的差异，改进相关的评价指标和方法，从而使其能够在高校机构层面更有效地评估其研究成果的社会网络影响力。因此，目前使用 Altmetric 分数来评估高校研究成果的科研影响力还难以保证其信效度，但在客观上确实提供了一种新的分析视角。我们需要持续跟进高校研究成果的 Altmetric 覆盖率及其影响力，并在此基础上开发新的计量评价方法以缓解偏差。

（四）对"双一流"建设高校的启示

随着高校研究成果在 Altmetric.com 中的覆盖率越来越高，Altmetrics 在高校科研影响力的评价中将扮演更加重要的角色。我们要推动世界一流大学和一流学科建设，"双一流"建设高校不仅需要考虑提升他们基于传统文献计量学的学术影响力，也需要关注研究成果在社会网络媒体中产生的社会影响力，为提升其在未来新的学术交流和科学影响空间中的声誉和地位未雨绸缪。"双一流"建设高校需要制定提升其基于 Altmetrics 的学术影响力的战略举措，激励教学研究人员及研究生积极注册和使用社交网络媒体，分享他们的研究成果，提高其研究成果的 Altmetrics 覆盖率。而且，它们需要鼓励成员积极参与各种基于社交网络媒体的学术交流和科研合作活动,提升自己及所属机构在社交网络中的可见度、关注度和社会网络影响力。更为重要的是,我们需要开发自己的中文学术社交网络平台及相应的 Altmetrics 测评指标和方法,只有真正实现 Altmetrics 指标数据来源的多元化才能够有效缓解语言带来的偏差。

第三节 高校 Altmetrics 分数与其大学排名系统得分之间的相关性

近年来的大量研究对研究论文的 Altmetrics 分数和传统数据库引用次数之间的相关性进行了检测,发现二者之间存在显著的相关性,但更多体现在论文层级上。Huang W. 等(2018)检索了 2012 年在六种 PLOS 期刊上发表的 2 406 篇论文截止到 2015 年 5 月在 Web of Science 数据库中的引用情况,并分析了它们的 Altmetric Attention Score(AAS)及其被引次数之间的关系,发现这些论文的 AAS 与其被引次数之间存在显著的相关性。[1] Lamba M. 等(2021)分析了印度 35 所中央大学发表的计算机科学 4 个子领域同时具有引用记录和 AAS 评分的 669 篇论文,发现 Twitter 的覆盖率最高,其次是 Google+、Patent 和 Facebook,而且 Dimensions 数据库引用与 Mendeley 读者数之间存在显著的强正相关性[2]。Llewellyn N. M. 和 Nehl E. J. (2022)收集了 2007 年到 2020 年期间由 NIH 乔治亚临床和转化科学联盟支持的 2 188 份出版物 2020 年的 AAS、期刊影响因子(JIFs)和 2021 年的相对引用率(RCRs),发现三者之间显著相关,而且回归分析结果显示

---

[1] Huang W., Wang P., Wu Q.. A Correlation Comparison between Altmetric Attention Scores and Citations for Six PLOS Journals [J]. PloS one, 2018,13(4):e0194962.
[2] Lamba M., Kashyap N., Margam M.. Research Evaluation of Computer Science Publications Using Altmetrics: A Cohort Study of Indian Central Universities [J]. Global Knowledge, Memory and Communication, 2021,70(4/5):459-486.

AAS能够显著预测 RCRs 的后期表现①。Djulbegovic M.等（2022）对2018—2019 年高影响力眼科期刊论文的 AAS 与常见影响指标之间的相关性进行了探讨，发现眼科研究文献的被引率与 AAS 之间呈现中度正相关②。Shrivastava R.和 Mahajan P.（2022）对 2014—2018 年期间印度学者在物理期刊上发表论文的 Altmetrics 指标和引用次数之间的关系进行了探讨，发现 Twitter 提及、Facebook 提及与引用次数之间具有统计学意义的相关性。③

然而，另外一些研究却没有证明论文 Altmetrics 指标与引用次数之间的这种相关性。比如 Barakat A. F.等（2019）对发表在特定高影响力普通医学期刊上的研究论文进行了截面分析，发现这些论文的 AAS 与其随后 3 年的被引次数之间的相关性较弱，并指出这种相关性受不同专业期刊的影响，可能是因为来自不同专业的学者的社交媒体参与度不一样④。Kolahi J.等（2020）对高 AAS 的牙髓科学领域研究论文进行了分析，也没有发现 AAS 和引用次数之间显著的相关性⑤。Haseena V.和 Azeez T. A.（2021）对卡利卡特大学的 15 篇社交媒体平台高浏览率学术论文进行了分析，发现 AAS 与谷歌学术、Dimensions 和 Web of Science 等数据库引用次数之间并不存在显著的相关性⑥。

---

① Llewellyn N. M., Nehl E. J.. Predicting Citation Impact from Altmetric Attention in Clinical and Translational Research: Do Big Splashes Lead to Ripple Effects? [J]. Clinical and Translational Science, 2022,15(6):1387 – 1392.
② Djulbegovic M., Kalahasty K., Watane A., et al.. Correlation Between Altmetric Attention Scores and Citations for Articles Published in High-Impact Factor Ophthalmology Journals From 2018 to 2019[J]. JAMA Ophthalmology, 2022,140(6):623 – 627.
③ Shrivastava R., Mahajan P.. Altmetrics and Their Relationship with Citation Counts: A Case of Journal Articles in Physics [J]. Global Knowledge, Memory and Communication, 2023,72(4/5):391 – 407.
④ Barakat A. F., Nimri N., Shokr M., et al.. Correlation of Altmetric Attention Score and Citations for High-impact General Medicine Journals: A Cross-sectional Study [J]. Journal of General Internal Medicine, 2019,34:825 – 827.
⑤ Kolahi J., Khazaei S., Iranmanesh P., et al. Altmetric Analysis of the Contemporary Scientific Literature in Endodontology [J]. International Endodontic Journal, 2020,53(3):308 – 316.
⑥ Haseena V., Azeez T. A.. Impact of Scholarly Articles on Social Media: An Altmetric Mapping of University of Calicut, Kerala-India [J]. Library Philosophy and Practice, 2021:1 – 17.

高校机构层面，一些研究选择部分高校进行了案例分析，发现高校研究产出的 Altmetrics 指标和传统文献计量学指标之间存在显著的相关性（杨柳等，2015；Moshtagh M. 和 Sotudeh H.，2021）[1][2]。Onyancha O. B.（2015）发现南非大学的 ResearchGate 指标和 Web of Science 引用指标之间高度相关[3]。Batooli Z. 等（2016）以卡山大学为例，发现学术社交网络能增强其科研成果的可见度，从而提高引用率[4]。Moshtagh M. 和 Sotudeh H.（2021）对 2017 年一些可用样本大学的 Altmetrics 指标分数与自然指数（Nature Index）、莱顿（Leiden）、泰晤士高等教育（Times Higher Education）和 QS（Quacquarelli Symonds）等全球大学排名系统总分及其各子维度得分之间的相关性进行了统计分析，发现它们之间整体上呈显著正相关[5]。Ramezani A. 等（2022）收集和分析了 50 所伊朗医科大学 2015 年的排名信息和 Altmetrics 指数，发现高校在 Academia.edu 和 ResearchGate 两个学术社交网络中的成员数量、论文发表数量和 RG 分数等不同指标与大学排名系统指标之间存在显著的相关性，并强调有必要增强教师在传播和分享知识的社会网络活动中的存在性[6]。

---

[1] 杨柳,陈贡. Altmetrics 视角下科研机构影响力评价指标的相关性研究[J]. 图书情报工作, 2015,(15):106—114.

[2] Moshtagh M., Sotudeh H.. Correlation between Universities' Altmetric Attention Scores and Their Performance Scores in Nature Index, Leiden, Times Higher Education and Quacquarelli Symonds Ranking Systems [J]. Journal of Information Science, 2021(4):1-14.

[3] Onyancha O. B.. Social Media and Research: An Assessment of the Coverage of South African Universities in ResearchGate, Web of Science and the Webometrics Ranking of World Universities [J]. South African Journal of Libraries & Information Science, 2015, 81(1):8-20.

[4] Batooli Z., Ravandi S. N., Bidgoli M. S.. Evaluation of Scientific Outputs of Kashan University of Medical Sciences in Scopus Citation Database based on Scopus, ResearchGate, and Mendeley Scientometric Measures [J]. Electronic Physician, 2016,8(2):2048-2056.

[5] Moshtagh M., Sotudeh H.. Correlation between Universities' Altmetric Attention Scores and Their Performance Scores in Nature Index, Leiden, Times Higher Education and Quacquarelli Symonds Ranking Systems [J]. Journal of Information Science, 2021(4):1-14.

[6] Ramezani A., Javad Ghazimirsaeed S., Ramezani-Pakpour-Langroudi F, et al.. Ranking of Iranian Medical Universities based on Altmetric Indices [J]. Journal of Information Science, 2022:01655515211072300.

可见，近年来的研究主要在论文层面对众多 Altmetrics 指标和传统数据库引用影响指标之间的相关性进行了分析，多数研究发现二者之间存在显著的相关性。这说明随着开放获取、社交媒体，尤其是学术社交网络对学术论文及研究人员的覆盖范围日益扩大，Altmetrics 计量指标也正变得越来越不容忽视。然而，高校机构层级的 Altmetrics 研究仍然比较欠缺，而且存在一定的局限性：(1) 只有少数几篇论文通过统计方法证明了高校机构层级的 Altmetrics 指标与传统数据库引用指标、大学排名系统得分之间的相关性，而且选择的高校样本主要局限于某一特定的地域，甚至以某一所高校为个案，这可能会限制研究结论的代表性；(2) Altmetrics 的指标设计、权重分配等重要方法并没有实现标准化，其理论基础和基本原理也暂时没有得到比较深入的研究；(3) 使用的数据比较陈旧，已有的研究多采用 2017 年以前的数据，无法准确说明高校最近几年在 Altmetrics 中的表现及其与各主流大学排名系统得分之间相关性的最新情况。

最近几年，国内外高校用户对 Altmetrics 越来越重视，它们研究成果的 Altmetrics 覆盖率逐年递增，预计 Altmetrics 未来的影响力会进一步扩大。我们可能不仅需要考虑它和传统文献计量学指标之间的相关性，更需要进一步探索它可能带来的一些不同于引用影响的社交网络媒体影响力，从而更全面地反映和审视机构多方面的科研影响力。鉴于上述 Altmetrics 研究现状，我们重点探讨不同大学排名系统指标之间的相关性，以及国内外一流大学的 AAS 与其各大学排名系统得分（如 ARWU、Leiden、THE、QS 和 Nature Index）之间的相关性。

一、数据分析

考虑到数据量巨大，本书以选取的 62 所国内外一流大学为研究对象，但是其中 6 所"双一流"建设 B 类高校由于在大学排名系统中的数据不齐全而被删除，最终分析样本为 56 所高校。我们通过统计分析方法探讨它们机构层面的 Altmetric 指标分数和它们在 ARWU、QS、THE、Leiden 和 Nature Index 等大学排名系统中 2021 年得分之间的相关性。这些大学排名系统数据可以分别从它们各自的官网下载。Altmetrics 数据主要通过 Altmetric.com 提供的 API 访问,计算每所大学 2021 年所发表研究论文的平均 Altmetric 值。为了统计分析需要,将没有被 Altmetric.com 覆盖的所有文献剔除,最后剩下 238 687 条数据(占总数的 50.86%)。由于各排名系统的数据具有不同的划分标准,而且数据也不符合正态分布,所以我们使用 Spearman 相关分析方法对数据进行分析,基于它们的相关系数 r 解释不同指标变量之间相关性的强度。一般而言,如果 r>0.7,则表明相关性很强,如果 $0.5 \leqslant r \leqslant 0.7$,则表明相关性中等,如果 r<0.5,则表明相关性较弱。

(一) 大学 Web of Science 和 Altmetrics 数据现状及相关性

本书以 Web of Science 和 Altmetric.com 数据为基础,概括了 36 所国内"双一流"建设 A 类高校和 20 所国际高校 2021 年的研究概况,分别如表 3.3 和表 3.4 所示。其中,Web of Science 数据包括各高校 2021 年论文产出总量和篇均引用次数。Altmetric.com 数据则主要包括篇均 AAS 和篇均阅读次数,主要指各高校 2021 年被 Web of Science 核心数据库收录的研究论文在社交媒体中的篇均提及和引用情况。

表 3.3　2021 年"双一流"高校 WoS 收录论文平均引用次数、AAS 和 Mendeley 阅读次数

序号	大学	论文产量	引用次数	AAS	阅读次数
1	北京大学	12 568.00	3.94	15.73	16.15
2	中国人民大学	1 037.00	3.31	6.12	16.89
3	清华大学	12 931.00	4.92	17.32	19.38
4	北京航空航天大学	5 693.00	3.82	5.80	14.00
5	北京理工大学	5 628.00	4.60	3.07	13.81
6	中国农业大学	4 066.00	3.65	7.17	13.66
7	北京师范大学	4 121.00	3.85	10.89	17.30
8	中央民族大学	266.00	3.56	7.14	16.47
9	南开大学	4 528.00	4.97	6.03	12.74

续表

序号	大学	论文产量	引用次数	AAS	阅读次数
10	天津大学	8 218.00	4.30	5.25	12.46
11	大连理工大学	6 265.00	4.03	5.31	10.55
12	吉林大学	8 007.00	3.20	4.93	8.61
13	哈尔滨工业大学	9 158.00	4.26	4.35	11.95
14	复旦大学	11 561.00	3.86	10.59	13.84
15	同济大学	8 722.00	3.75	8.53	12.19
16	上海交通大学	17 726.00	3.73	9.18	13.35
17	华东师范大学	3 335.00	4.14	10.74	16.84
18	南京大学	7 805.00	4.18	9.54	12.28
19	东南大学	8 236.00	3.91	8.18	11.89
20	浙江大学	17 036.00	3.52	8.06	13.48
21	中国科学技术大学	10 087.00	4.28	11.02	12.12
22	厦门大学	5 459.00	3.98	5.08	12.68
23	山东大学	10 656.00	3.67	6.01	10.20
24	中国海洋大学	3 288.00	3.25	5.35	10.48
25	武汉大学	9 868.00	4.38	10.92	17.73
26	华中科技大学	11 694.00	4.29	10.31	16.79
27	中南大学	11 732.00	3.98	4.02	11.26
28	中山大学	13 764.00	3.69	8.93	12.82
29	华南理工大学	7 142.00	4.87	3.13	11.93
30	四川大学	11 767.00	3.69	7.41	12.64
31	电子科技大学	6 397.00	4.91	5.01	13.95
32	重庆大学	5 822.00	4.48	3.22	12.17
33	西安交通大学	10 420.00	3.75	8.65	13.21
34	西北工业大学	6 226.00	4.52	5.00	12.29
35	兰州大学	4 360.00	3.48	8.84	10.60
36	国防科技大学	2 634.00	2.69	3.68	13.76

表3.4 2021年国际高校WoS收录论文平均引用次数、AAS和Mendeley阅读次数

序号	大学	论文产量	引用次数	AAS	阅读次数
1	哈佛大学	25 412.00	5.45	50.66	29.05
2	斯坦福大学	10 680.00	5.12	48.35	30.59
3	剑桥大学	9 155.00	6.10	55.26	30.54
4	麻省理工学院	7 494.00	6.05	62.95	36.98
5	加州大学-伯克利	6 207.00	5.84	45.15	29.01
6	普林斯顿大学	3 495.00	5.04	48.42	26.28
7	牛津大学	10 770.00	6.62	70.60	33.73
8	哥伦比亚大学	8 192.00	4.82	41.58	27.22
9	加州理工学院	3 775.00	6.72	51.90	22.78
10	芝加哥大学	4 351.00	4.98	40.55	23.12
11	耶鲁大学	7 395.00	4.82	44.48	26.68
12	康奈尔大学	7 721.00	4.95	44.03	25.94
13	巴黎-萨克雷大学	9 882.00	4.78	24.27	19.19
14	加州大学-洛杉矶	8 664.00	5.43	37.89	24.64
15	宾夕法尼亚大学	9 400.00	4.51	39.03	25.25
16	约翰斯·霍普金斯大学	11 501.00	5.31	32.38	23.50
17	伦敦大学学院	12 254.00	5.67	50.82	28.21
18	加州大学-圣地亚哥	7 730.00	6.14	42.91	27.20
19	华盛顿大学-西雅图	9 759.00	6.32	46.69	28.19
20	加州大学-旧金山	7 287.00	6.05	42.97	27.71

如表3.3所示,研究产出最高的五所"双一流"建设高校分别为:上海交通大学、浙江大学、中山大学、清华大学和北京大学,它们2021年收录的文献均在12 000篇以上;篇均引用次数最高的五所国内高校分别为:南开大学、清华大学、电子科技大学、华南理工大学和北京理工大学,它们2021年被收录论文的篇均引用次数均超过4.5;AAS最高的五所国内高校分别为:清华大学、北京大学、中国科学技术大学、武汉大学和北京师范大学,它们的篇均AAS均超过17.0;篇均阅读次

数最高的五所国内高校分别为:清华大学、武汉大学、北京师范大学、中国人民大学和华东师范大学,它们的篇均阅读次数均超过16.8。

如表3.4所示,研究产出最高的五所国际高校分别为:哈佛大学、伦敦大学学院、约翰斯·霍普金斯大学、牛津大学和斯坦福大学,它们2021年被收录的文献均在10000篇以上;篇均引用次数最高的五所国际高校分别为:加州理工学院、牛津大学、华盛顿大学西雅图分校、加州大学圣地亚哥分校和剑桥大学,它们2021年被收录论文的篇均引用次数均超过6.1;AAS最高的五所国际高校分别为:牛津大学、麻省理工学院、剑桥大学、加州理工学院和伦敦大学学院,它们的篇均AAS均超过50.00;阅读次数最高的五所国际高校分别为:麻省理工学院、牛津大学、斯坦福大学、剑桥大学和哈佛大学,它们的篇均阅读次数均超过29。

可见,国内"双一流"建设高校在2021年研究产出方面已经达到国际一流水平,但在篇均引用次数、篇均AAS和篇均阅读次数等方面的表现要明显低于国际高校。因此,"双一流"建设高校不仅需要提高论文产出数量,更需要进一步提高其在传统数据库和社交网络媒体中的引用、提及和阅读等方面的影响力。对所有国内外56所一流高校样本的WoS引用次数、AAS和阅读次数等进行Spearman相关分析,发现这些变量之间均存在显著的相关性。如表3.5所示:AAS和阅读次数之间的相关系数最高($r=0.842$),其次是WoS引用次数和阅读次数($r=0.720$),然后是WoS引用次数和AAS($r=0.669$)。这和一些已有的研究结论相似,即Altmetrics实际上在某些方面能够反映传统文献计量学的信息。

表3.5 2021年国内外一流高校WoS收录论文平均引用次数、AAS和Mendeley阅读次数之间的相关性

	WoS引用次数	AAS	阅读次数
WoS引用次数	1	0.669**	0.720**
AAS		1	0.842**
阅读次数			1

(二) 大学排名系统指标分数之间的相关性

之前的一些研究已经证实了不同大学排名系统指标分数之间的相关性,但它们使用的是2018年以前的数据[①]。现在五年过去,我们有必要进一步检查最新的数据是否也体现了类似的相关性。2021年样本高校在ARWU、THE、QS、Leiden和Nature Index等排名系统指标得分之间的相关系数如表3.6所示。可见,排名系统内部各指标之间,以及各排名系统之间均存在显著的相关性。

同一排名系统内部各指标之间,如Nature Index的Share 2021和Share 2022两个指标之间的相关系数高达0.971;THE的Research和Overall两个指标之间的相关系数高达0.962,Leiden的P(top 10%)和PP(top 10%)两个指标之间的相关系数为0.451。不同系统指标之间,THE的Overall和QS的SCORE两个指标之间的相关系数高达0.917。此外,ARWU的Score与Leiden的PP(top 10%)($r=0.804$)、THE的Overall($r=0.904$)和Research($r=0.878$)、QS的SCORE($r=0.879$)和Academic Reputation($r=0.858$)以及Nature Index的Share 2021($r=0.798$)和Share 2022($r=0.714$)等指标之间均存在显著的相关性。THE的Overall与QS的SCORE($r=0.917$)和Academic Reputation($r=0.885$)、Nature Index的Share 2021($r=0.784$)和Share 2022($r=0.695$);THE的Research与QS的SCORE($r=0.903$)和Academic Reputation($r=0.900$)以及Nature Index的Share 2021($r=0.780$)和Share 2022($r=0.687$)等指标之间存在显著的相关性。QS的Score与Nature Index的Share 2021($r=0.790$)和Share 2022($r=0.689$);QS的Academic Reputation和Nature Index的Share 2021($r=0.871$)和Share 2022($r=0.805$)等指标之间存在显著的相关性。与Moshtagh M.和Sotudeh H.(2021)的研究相比,我们进一步发现样本高

[①] Moshtagh M., Sotudeh H.. Correlation between Universities' Altmetric Attention Scores and Their Performance Scores in Nature Index, Leiden, Times Higher Education and Quacquarelli Symonds Ranking Systems [J]. Journal of Information Science, 2021(4):1-14.

表 3.6 大学排名系统指标之间的相关系数

		ARWU	Leiden		THE			QS		Nature	
		Score	P(top 10%)	PP(top 10%)	Overall	Research	SCORE	Academic Reputation	Share 2021	Share 2022
ARWU	Score	1	0.690**	0.804**	0.904**	0.878**	0.879**	0.858**	0.798**	0.714**
Leiden	P(top 10%)		1	0.451**	0.609**	0.551**	0.600**	0.599**	0.695**	0.682**
	PP(top 10%)			1	0.821**	0.733**	0.782**	0.698**	0.606**	0.507**
THE	Overall				1	0.962**	0.917**	0.885**	0.784**	0.695**
	Research					1	0.903**	0.900**	0.780**	0.687**
QS	SCORE						1	0.925**	0.790**	0.689**
	Academic Reputation							1	0.871**	0.805**
Nature	Share 2021								1	0.971**
	Share 2022									1

注：ARWU：软科世界大学学术排名；
Leiden：CWTS 莱顿大学排名；
THE：Times Higher Education；
QS：Quacquarelli Symonds；
Nature：Nature Index；
** 相关性在 0.01 水平上显著（双尾）。

校的 ARWU 分数和其他排名系统指标分数之间也存在显著的相关性,同时也发现多数原来相关指标之间的相关系数均有了较大幅度的提升,这说明近年来大学在不同排名系统中的得分正变得更加趋同[①]。

(三) Altmetric.com 内部指标之间的相关性

早年,AAS 由于没有考虑 Mendeley 读者数、CiteUlike 书签和反映提及论文的公众(PUB)、从业人员(DOC)、研究科学家(SCI)和科学传播者(COM)等群体成员人数(Cohorts)等方面的数据而受到一些质疑[②]。近年来,Altmetric.com 已经整合了在线文献管理系统的阅读数据(包括 CiteUlike、Mendeley、Connotea)以及 Cohorts 不同群体成员提及方面的数据。虽然这些数据目前并没有被纳入 AAS 的计算中,但它们也是衡量一项研究社会及行业影响的重要方面,而且它们相互之间、与 AAS 之间也存在显著的相关性,如表 3.7 所示。其中 PUB 和 COM 之间的相关系数最高($r=0.972$),其次是 AAS 和 COM($r=0.950$)、AAS 和 PUB($r=0.937$)、DOC 和 COM($r=0.935$)、SCI 和 COM($r=0.934$)、AAS 和 SCI($r=0.921$),SCI 和 PUB($r=0.911$)以及 PUB 和 DOC($r=0.911$)。

表 3.7 Altmetrics 指标之间的相关性

	AAS	SCI	PUB	DOC	COM	Readers
AAS	1	0.921**	0.937**	0.893**	0.950**	0.842**
SCI		1	0.911**	0.872**	0.934**	0.828**
PUB			1	0.911**	0.972**	0.841**
DOC				1	0.935**	0.744**
COM					1	0.832**
Readers						1

---

① Moshtagh M., Sotudeh H.. Correlation between Uuniversities' Altmetric Attention Scores and Their Performance Scores in Nature Index, Leiden, Times Higher Education and Quacquarelli Symonds Ranking Systems [J]. Journal of Information Science, 2021(4):1-14.

② Gumpenberger C., Glänzel W., Gorraiz J.. The Ecstasy and the Agony of the Altmetric Score [J]. Scientometrics, 2016,108(2):977-982.

(四) 大学 AAS 与其在不同排名系统中得分之间的相关性

56 所国内外样本高校 2021 年研究论文平均 AAS 与其在不同排名系统中得分之间的相关系数如表 3.8 所示。AAS 和 ARWU 分数、Leiden 系统的 P(top 10%) 和 PP(top 10%)、THE 系统总体分数与 Research 指标、QS 系统总体分数与学术声誉，以及 Nature Index 的 Share 2021 和 Share 2022 之间都存在显著的相关性，相关系数高于 0.8 的指标有 5 项，说明将 AAS 作为评价大学科研影响力的指标具有重要意义。

表 3.8 高校 AAS 和排名系统表现分数之间的相关系数

大学排名系统指标维度	Correlation coefficient	Significance (two-tailed)
ARWU Score	0.823**	0.000
Leiden-P(top 10%)	0.518**	0.000
Leiden-PP(top 10%)	0.750**	0.000
THE-Overall	0.843**	0.000
THE-Research	0.866**	0.000
QS-SCORE	0.880**	0.000
QS-Academic Reputation	0.879**	0.000
Nature-Share 2021	0.766**	0.000
Nature-Share 2022	0.687**	0.000

(五) 高校 Altmetrics 指标和 ARWU Score 之间的相关性

Altmetrics 的 SCI、PUB、DOC、COM 和 Readers 等指标和 ARWU 分数之间的相关系数如表 3.9 所示。SCI、PUB、DOC、COM 和 Readers 等指标与 ARWU 分数之间均存在显著的相关性，它们分别反映了研究论文被研究科学家、公众、从业人员和科学传播者提及以及被在线文献管理软件阅读的情况。结合表 3.8 显示的 AAS 和 ARWU 分数之间的相关性，我们可以认为高校的 Altmetrics 指标与其科研影响力的测评之间存在内在一致性。

表 3.9　高校 Altmetrics 指标和 ARWU Score 之间的相关系数

Altmetrics 指标维度	Correlation coefficient	Significance (two-tailed)
SCI	0.808**	0.000
PUB	0.804**	0.000
DOC	0.832**	0.000
COM	0.794**	0.000
Readers	0.738**	0.000

(六) 高校 Altmetrics 和 THE 分数之间的相关性

各大学的 AAS 与其在 THE 各指标维度分数之间的相关性分析结果如表 3.10 所示。首先,AAS 与 THE 总体评分($r=0.843$)之间呈显著正相关,置信区间为 99%。其次,除产业收入外,各大学所有的 THE 指标都与 AAS 之间存在显著的相关性。这与 Moshtagh M. 和 Sotudeh H.(2021)的研究结论相似,而且 AAS 与 THE 各指标之间的相关系数都有不小的增幅,它与除产业收入外的所有其他指标之间的相关系数均达到 0.799 及以上,尤其是与国际前景方面的相关系数更是达到了 0.859,增长了一倍以上[①]。

表 3.10　高校 AAS 和 THE 各指标维度之间的相关系数

THE 指标维度	Correlation coefficient	Significance (two-tailed)
Overall	0.843**	0.000
Research	0.866**	0.000
Teaching	0.799**	0.000
Citations	0.807**	0.000
Industry Income	−0.258	0.065
International Outlook	0.859**	0.000

---

① Moshtagh M., Sotudeh H.. Correlation between Universities' Altmetric Attention Scores and Their Performance Scores in Nature Index, Leiden, Times Higher Education and Quacquarelli Symonds Ranking Systems [J]. Journal of Information Science, 2021(4):1-14.

Altmetrics 的 SCI、PUB、DOC、COM 和 Readers 等指标与 THE 的总体得分、研究、教学、引用和国际前景等指标之间均存在显著的相关性，而与产业收入之间存在弱负相关，如表 3.11 所示。这说明 Altmetrics 指标在某种程度上体现了学术影响力，但与非学术测评指标之间不存在显著的相关性。

表 3.11 高校 Altmetrics 指标和 THE 指标之间的相关系数

		Altmetrics 指标				
		SCI	PUB	DOC	COM	Readers
THE	Overall	0.816**	0.807**	0.776**	0.790**	0.787**
	Research	0.808**	0.818**	0.767**	0.807**	0.799**
	Teaching	0.756**	0.747**	0.745**	0.732**	0.711**
	Citations	0.798**	0.779**	0.748**	0.774**	0.806**
	Industry Income	−0.277*	−0.293*	−0.238	−0.320*	−0.255
	International Outlook	0.817**	0.840**	0.783**	0.826**	0.797**

(七) 高校 Altmetrics 和 QS 分数之间的相关性

各大学的 AAS 与其 QS 系统总体得分之间呈显著正相关（r＝0.880），同时也与 QS 系统所有其他指标之间呈显著相关，其中包括学术声誉（r＝0.879）、国际学生数（r＝0.856）、雇主声誉（r＝0.827）、国际教师数（r＝0.786）、师生比（r＝0.654）和师均引用次数（r＝0.504），具体详情如表 3.12 所示。与 Moshtagh M. 和 Sotudeh H.（2021）的研究相比，除总体得分和学术声誉外，AAS 与 QS 其他各指标维度之间的相关系数都有超过两倍以上的提升[①]。

[①] Moshtagh M., Sotudeh H.. Correlation between Universities' Altmetric Attention Scores and Their Performance Scores in Nature Index, Leiden, Times Higher Education and Quacquarelli Symonds Ranking Systems [J]. Journal of Information Science, 2021(4): 1-14.

表 3.12　高校 AAS 和 QS 各指标维度之间的相关系数

QS 指标维度	Correlation coefficient	Significance (two-tailed)
SCORE	0.880**	0.000
Academic Reputation	0.879**	0.000
Employer Reputation	0.827**	0.000
Faculty Student	0.654**	0.000
Citations per Faculty	0.504**	0.000
International Faculty	0.786**	0.000
International Students	0.856**	0.000

各大学 Altmetrics 的 SCI、PUB、DOC、COM 和 Readers 等指标与其 QS 系统各指标得分之间的相关分析结果如表 3.13 所示。首先，这些 Altmetrics 指标都和 QS 分数之间存在显著的相关性。其次，所有 Altmetrics 指标与 QS 的学术声誉、雇主声誉和国际学生数等指标之间均存在 0.78 以上的相关系数，因为这些指标涉及学术交流与合作、学术声誉和学术影响等方面。国际学生数和 PUB 之间存在显著的相关性（$r=0.831$），因为公众关注度越高的大学，往往也对国际学生具有更强的吸引力。

表 3.13　高校 Altmetrics 指标和 QS 指标之间的相关系数

		Altmetrics 指标				
		SCI	PUB	DOC	COM	Readers
QS	SCORE	0.861**	0.809**	0.789**	0.802**	0.792**
	Academic Reputation	0.830**	0.832**	0.795**	0.818**	0.825**
	Employer Reputation	0.781**	0.828**	0.791**	0.806**	0.804**
	Faculty Student	0.667**	0.620**	0.624**	0.625**	0.570**
	Citations per Faculty	0.412**	0.398**	0.433**	0.374**	0.404**
	International Faculty	0.771**	0.743**	0.731**	0.721**	0.677**
	International Students	0.825**	0.831**	0.796**	0.814**	0.823**

(八) 高校 Altmetrics 和 Nature Index 分数之间的相关性

各大学的 AAS 与其 Share 2021(r=0.766)、Share 2022(r=0.687)和 Count 2022(r=0.742)等 Nature Index 系统指标之间均存在显著的相关性,如表 3.14 所示。其中 Count 指标是指署名作者隶属于一所高校的所有研究论文数量,而 Share 指标则是指署名份额分数,它综合考虑了一所高校的作者比例以及每篇研究论文附属机构的数量。①

表 3.14 高校 AAS 和 Nature Index 各指标维度之间的相关系数

Nature 指标维度	Correlation coefficient	Significance (two-tailed)
Share 2021	0.766**	0
Share 2022	0.687**	0
Count 2022	0.742**	0

注:Share 2022 和 Count 2022 数据实际为 2021 年 1 月 1 日至 2021 年 12 月 31 日数据。

各大学 Altmetrics 的 SCI、PUB、DOC、COM 和 Readers 等指标与 Nature Index 指标之间的相关分析结果如表 3.15 所示。可以发现,Altmetrics 指标与 Nature Index 的所有指标之间均显示出显著的相关性,进一步说明这些 Altmetrics 指标反映了学术影响方面的内容。

表 3.15 高校 Altmetrics 指标和 Nature Index 指标之间的相关系数

		Altmetrics 指标				
		SCI	PUB	DOC	COM	Readers
Nature	Share 2021	0.709**	0.687**	0.704**	0.680**	0.621**
	Share 2022	0.630**	0.610**	0.637**	0.602**	0.538**
	Count 2022	0.678**	0.648**	0.667**	0.633**	0.597**

(九) 高校 Altmetrics 和 Leiden 分数之间的相关性

Leiden 系统科研影响包括四种不同类型的指标:(1)排名前 1% 的

---

① Nature. A Brief Guide to the Nature Index [EB/OL]. [2022-10-08]. https://www.nature.com/nature-index/brief-guide.

出版物 P(top 1%)和 PP(top 1%);(2)排名前 5%的出版物 P(top 5%)和 PP(top 5%);(3)排名前 10%的出版物 P(top 10%)和 PP(top 10%);(4)排名前 50%的出版物 P(top 50%)和 PP(top 50%)。这些科研影响指标采用两种计算方法:(1)完全计数 P(full counting),所有出版物按相同的权重计算;(2)分数计数 PP(fractional counting),由多个机构合著的出版物按其权重份额计算。其中分数计数是 Leiden 采用的默认计算方法,因为它能够更为准确地体现一篇论文的学术影响力在合作研究机构中权重份额的分配[①]。

Leiden 系统指标中,除总出版数 P 和 P(top 50%)外,其他所有指标均与 AAS 之间存在显著的相关性,如表 3.16 所示。总体来说,AAS 与 Leiden 分数计数 PP 指标之间的相关性更强:PP(top 50%)(r=0.774)、PP(top 10%)(r=0.750)、PP(top 5%)(r=0.744)和 PP(top 1%)(r=0.732)。此外,AAS 与以下 Leiden 完全计数 P 指标之间显著相关:P(top 10%)(r=0.518)、P(top 5%)(r=0.623)和 P(top 1%)(r=0.735)。

表 3.16 高校 AAS 和 Leiden 各指标维度之间的相关系数

Leiden 指标维度	Correlation coefficient	Significance(two-tailed)
P	0.086	0.532
P(top 50%)	0.208	0.127
PP(top 50%)	0.774**	0.000
P(top 10%)	0.518**	0.000
PP(top 10%)	0.750**	0.000
P(top 5%)	0.623**	0.000
PP(top 5%)	0.744**	0.000
P(top 1%)	0.735**	0.000
PP(top 1%)	0.732**	0.000

① Center for Science and Technology Studies (CWTS). Indicators [EB/OL]. [2020-08-01]. https://www.leidenranking.com/information/indicators.

各大学 Altmetrics 的 SCI、PUB、DOC、COM 和 Readers 等指标与 Leiden 的 P(top 50%)、PP(top 50%)、P(top 10%)、PP(top 10%)、P(top 5%)、PP(top 5%)和 PP(top 1%)等 7 个指标之间均显著相关,如表 3.17 所示。此外,DOC 和 Leiden 的 P 指标弱相关,PUB 和 DOC 与 P(top 1%)弱相关。可见,这些 Altmetrics 指标更倾向于和顶级出版物产出相关,而和一般出版物产出之间不存在显著的相关性。虽然在 AAS 的计算中没有被考虑,但它们确实体现出一些科研影响力信息,尤其是 Readers 和 SCI 两个指标,分别代表了研究成果在 CiteUlike、Mendeley 和 Connotea 等在线文献管理或标签系统中的阅读数据以及在研究科学家群体中的提及数据,与 Leiden 系统各指标之间的相关性更强,说明它们更多地反映了研究成果在科学研究领域的影响力。

表 3.17 高校 Altmetrics 指标和 Leiden 指标之间的相关系数

		Altmetrics 指标				
		SCI	PUB	DOC	COM	Readers
Leiden	P	0.097	0.155	0.282*	0.121	−0.01
	P(top 50%)	0.736**	0.759**	0.792**	0.727**	0.698**
	PP(top 50%)	0.725**	0.720**	0.695**	0.703**	0.765**
	P(top 10%)	0.631**	0.659**	0.718**	0.631**	0.576**
	PP(top 10%)	0.741**	0.711**	0.697**	0.718**	0.783**
	P(top 5%)	0.532**	0.566**	0.638**	0.535**	0.477**
	PP(top 5%)	0.746**	0.706**	0.697**	0.719**	0.789**
	P(top 1%)	0.23	0.274*	0.388**	0.241	0.138
	PP(top 1%)	0.772**	0.723**	0.725**	0.728**	0.765**

二、研究结果讨论

ARWU、Leiden、THE、QS 和 Nature Index 等著名大学排名系统对于评估大学的办学水平和学术影响力产生了重要的影响。它们使用的指标体系和测评方法各不相同,因而在排名结果方面也存在一定的差异。尽管如此,他们之间仍然存在一些重要的共同之处,比如都将大学的学术影响力作为重要的参考因素,所以在跨系统的指标分数之间存在非常显著的相关性。这些排名系统在不断完善它们的评价标准和方法,但仍然主要基于传统的文献计量学理论评价高校的学术影响力。然而,随着社交网络媒体的兴起,高校的科研影响力已经不可避免地扩散到社交网络媒体中。Altmetrics 正是为应对这种新型学术影响力的测评而提出来的一种新的科研影响力评价范式,它能够测量从科学到社会、教育和技术的一系列影响力,从而作为基于传统文献计量学评价方法的有益补充[①]。其中 Altmetric.com 是重要的 Altmetrics 数据来源,它集成了 Delicious、Facebook、Blogs、Google+、LinkedIn、MSM、Pinterest、Reddit、Twitter、YouTube、Sina Weibo 和 Wikipedia 等 10 多种社交网络对研究文献的关注、使用、阅读或提及等数据,能够帮助我们更全面地了解高校研究的传播、覆盖和影响的范围,不再局限于传统的学术论文,而是扩散到公共政策、主流媒体、引文管理、评审平台、教学大纲、专利、社会网络媒体、多媒体和其他平台中的引用。[②③④]

相关性分析结果表明,各高校的 Altmetric Attention Score(AAS)平均分数与国际上主流大学排名系统的总体或部分指标得分之间存在显著的相关性。这说明 Altmetrics 确实能够在某种程度上反映高校研究成果在教育、研究乃至教学方面产生的多方面的影响力,这和前人的研究结果一致,即它可以用来衡量大学学术成果的科学影响力和社

[①] Moshtagh M., Sotudeh H.. Correlation between Universities' Altmetric Attention Scores and Their Performance Scores in Nature Index, Leiden, Times Higher Education and Quacquarelli Symonds Ranking Systems [J]. Journal of Information Science, 2021(4):1-14.

[②] Altmetric.com. The Donut and Altmetric Attention Score [EB/OL]. [2023-06-04]. https://www.altmetric.com/about-our-data/the-donut-and-score/.

[③] Altmetric.com. Our sources [EB/OL]. [2023-06-04]. https://www.altmetric.com/about-our-data/our-sources/.

[④] Altmetric.com. How is the Altmetric Attention Score calculated? [EB/OL]. [2023-06-04]. https://help.altmetric.com/support/solutions/articles/6000233311.

会影响力。AAS 和 THE 系统的国际前景以及 QS 系统的国际教师数和国际学生数等指标之间的相关性，再一次证明了 AAS 与国际合作之间的相关性。①② 它和 THE 的教学指标之间的相关性说明 Altmetrics 对开放教学大纲项目（Open Syllabus Project）数据的采集能够反映高校研究成果对教学产生了实际的影响③。

Moshtagh M. 和 Sotudeh H.（2021）认为 AAS 和各排名系统指标之间的相关性并不是很强，不能完全反映所有的学术维度，而且也忽略了一些重要的传统指标，比如引用、Mendeley 读者数和 CiteUlike 书签数等方面。但实际上，当前 Altmetric.com API 的阅读指标已经整合了 Mendeley 读者数和 CiteUlike 书签数。而且，我们使用样本高校 2021 年发表的论文 2022 年的 Altmetrics 数据进行相关性分析，发现相比 Moshtagh M. 和 Sotudeh H.（2021）使用的 2017 年数据来说，多数指标之间的相关系数均得到了较大幅度的提升。

在选取的 5 种大学排名系统中，还有一些评价指标与 AAS 之间并没有呈现出显著的相关性，比如 THE 的行业收入和 Leiden 的 P、P（top 50%）。在这些指标中，行业收入与学术影响力不存在直接关系，Leiden 的 P、P（top 50%）主要是指在传统文献计量学测量中介于一般水平的研究成果。这些因素是他们和 AAS 之间不存在显著相关性的可能原因。此外，根据 Moshtagh M. 和 Sotudeh H.（2021）的研究，还可能由于大学在战略规划、使命和学科覆盖方面存在差异，而导致它们在科学、应用科学和社会科学的定位方面的差异。因此，由于不同系统采用的指标维度、计量标准和数据标准化方法等方面的差异，这

---

① Didegah F., Bowman T. D., Holmberg K.. Increasing our Understanding of Altmetrics: Identifying Factors that are Driving both Citation and Altmetric Counts [C]//IConference 2016 proceedings, https://www.ideals.illinois.edu/handle/2142/89331.

② Moshtagh M., Sotudeh H.. Correlation between Universities' Altmetric Attention Scores and Their Performance Scores in Nature Index, Leiden, Times Higher Education and Quacquarelli Symonds Ranking Systems [J]. Journal of Information Science, 2021(4): 1-14.

③ Mohammadi E., Thelwall M., Haustein S., et al.. Who Reads Research Articles? An Altmetrics Analysis of M Endeley User Categories [J]. Journal of the Association for Information Science and Technology, 2015, 66(9): 1832-1846.

些系统指标数据实际反映的问题方面具有不同的倾向性,因此需要更深入地研究 Altmetrics 的使用价值与方法。

总之,本研究再一次证明了 AAS 与大学的科研影响、教育影响和社会影响之间的相关性,它能够作为大学排名系统使用的传统文献计量学方法的有益补充。随着各大学对 Altmetrics 的重视程度逐年提高,大学研究成果在 Altmetrics 中的覆盖率不断提升,它与传统文献计量学指标之间的相关性也显示出较大幅度的上升,但总体上仍然不是很强。而且和成熟的文献计量学指标不同,Altmetrics 目前仍然是一种非正式、非标准化的方法尝试,没有严格的质量监控,也没有给出清晰明确的加权方法及其基本原理,因此在有效性、稳定性和成熟度等方面仍然需要更多的实证研究尝试和更细致的分析。[1]

---

[1] Sotudeh H., Ravaie M., MirzaBeigi M., et al.. Altmetrics Challenges in Research Evaluation: A Thematic Analysis [J]. Health Information Management, 2017,14(3):124-129.

第四章
学术社交网络成为学术交流的新途径

ResearchGate、Academia.edu 和 Mendeley 等学术社交网络,支持学者创建个人档案、分享他们的研究成果和相互交流,为学术交流与传播提供了一种全新的方式。因此,学术社交网络对传统的以引用影响为主的学术交流方式带来了巨大的冲击,并将使基于传统文献计量学的学术影响力评价标准和方法面临挑战,因为它们无法全面考虑这些新的学术交流及影响方式。本书通过了解和分析国内外一流大学参与 ResearchGate 的程度及其统计数据情况,揭示其 ResearchGate 分数和它们在全球大学排名系统中的总分和各子维度得分之间的相互关系,探讨将 ResearchGate 分数用来测评高校研究成果科学影响和非科学影响的潜力。

第一节 研 究 现 状

近年来,越来越多的学者使用社交网络管理和分享他们的研究成果,比如早期的在线参考文献管理系统,像 Mendeley、Zotero、CiteULike 和 Connotea 等,它们逐渐整合了部分社交网络的功能,允许学者用户将其作为个人主页的一部分,列出并推广个人研究成果。随后出现的像 Academia.edu 和 ResearchGate 等专门的学术社交网络,则主要致力于为学者们提供一个展示个人研究,并与相关研究者取得联系和相互分享的学术社交网络空间,并不提供专门的文献参考和引用管理功能。① 目前,ResearchGate 已经成为全球最流行的学术社交网络之一,拥有来自全球 190 多个国家和地区不同部门的研究人员用户,以便于连接、合作与分享他们的研究工作(ResearchGate,2020)②。

全球主流大学排名系统的计量指标综合考虑了网络存在、出版物数量、出版物引用和同行评价等多种因素以及这些因素之间的组合。虽然它们考虑的因素、目标和计算方法各不相同,但不同的排名系统往往给出了相似的排名③。从 Altmetric.com 和 ResearchGate 等学术社交网络的一些数据来看,在传统排名系统中占优势的大学的 Altmetrics 和 ReaserchGate 分数也相对较高。因此,很多学者认为这些学术社交网络数据具有为大学排名系统提供新的评价指标因素和数据来源的潜在价值。但是,学术社交网络数据并不直接提供传统文献计量学所考虑的论文间的文献引用数据,但它们会以其特有的方式显示其中学者或文献的网络影响和社会影响。这是一种全新的学术交流方式,并将带来新的研究影响在线指标。

一些研究表明,新的在线影响指标可能比传统文献计量学指标能够更快捷地反映研究成果的科研影响力。我们可能需要好几年的时间来衡量一篇论文的影响力,而推文、博客等社会网络媒体提及、关注和阅读等数据可以更及时地反映研究成果最终可能带来的学术影响力④⑤。而

---

① Thelwall M., Kousha K.. ResearchGate: Disseminating, Communicating, and Measuring Scholarship?[J]. Journal of the Association for Information Science and Technology, 2015,66(5):876-889.
② ResearchGate. ResearchGate Home Page [EB/OL]. [2022-10-13]. https://www.researchgate.net/about.
③ Thelwall M., Kousha K.. ResearchGate: Disseminating, Communicating, and Measuring Scholarship?[J]. Journal of the Association for Information Science and Technology, 2015,66(5):876-889.
④ Eysenbach G.. Can Tweets Predict Citations? Metrics of Social Impact based on Twitter and Correlation with Traditional Metrics of Scientific Impact [J]. Journal of Medical Internet Research, 2011,13(4):e2012.
⑤ Shema H., Bar-Ilan J., Thelwall M.. Do Blog Citations Correlate with A Higher Number of Future Citations? Research Blogs as A Potential Source for Alternative Metrics [J]. Journal of the Association for Information Science and Technology, 2014,65(5):1018-1027.

且,学术社交网络除了能够预示文献的学术影响力,还能够反映其他方面的影响,比如 Mendeley 的读者数量比引用影响在更大程度上反映了教育影响[1][2][3]。

但是,目前已有的研究并未对来自学术社交网络的高校机构层面的替代计量指标给予足够的关注,目前只有为数不多的研究对 ResearchGate 指标作为评估大学学术影响力的潜力及其与传统文献计量学指标之间的关系进行了探讨。Thelwall M. 等(2015)评估了 ResearchGate 的使用和出版数据是否广泛反映了现有的学术等级,以及不同的国家是否会从中受益或受损,发现基于 ResearchGate 的总 RG 分数、总影响分、出版数、下载数和查看数等统计数据的排名,与 THE、QS、ARWU、CWTS 和 Webometrics 等系统排名之间具有适度的相关性,表明 ResearchGate 的使用广泛反映了学术资本的传统分布。他们认为 ResearchGate 可以贡献五种不同的数据指标:

① 出版物总数。指一位学者在个人主页上列出的出版物数量,可以按高校机构进行汇总,提供一种新的学术产出数量指标,作为传统学术产出质量、价值或影响等评价指标的补充。从机构层面来看,出版物总数不但受到学者 ResearchGate 的参与程度、个人资料填写的完整性以及机构规模的影响,而且受到产出数量、领域规范等方面的影响,特别是如果一个机构在平均产出数特别高或特别低的领域设有大型研究部门的话。

② 总影响点。一位学者学术出版物的累积期刊影响因子,按机构汇总的结果反映了数量和基于期刊的引用影响的组合。总影响点是一个比总出版物数更好的机构研究质量指标,尽管它也有与期刊影响因

---

[1] Thelwall M., Kousha K.. ResearchGate: Disseminating, Communicating, and Measuring Scholarship?[J]. Journal of the Association for Information Science and Technology, 2015,66(5):876 - 889.

[2] Bar-Ilan J., Haustein S., Peters I., et al.. Beyond Citations: Scholars' Visibility on the Social Web [J]. arXiv preprint arXiv:1205.5611,2012.

[3] Li X. M., Thelwall M., Giustini D.. Validating Online Reference Managers for Scholarly Impact Measurement [J]. Scientometrics, 2012,91(2):461 - 471.

子相同的限制及一些额外的问题。但是,这种原始影响点需要按学科领域进行标准化处理,在高引用影响领域的优势机构和低引用影响领域的劣势机构也需要进行类似的标准化处理。

③下载次数。ResearchGate 记录的作者上传到网站的全文文章的下载总数。可以按机构汇总,其结果可以显示相关文章的读者范围。尽管阅读一篇文章并不能等同于它产生了影响,但将下载次数视为一种影响指标似乎是合理的,因为广泛阅读的文章更可能以某种方式产生影响,比如在科学、教育或应用领域。除了存在和"出版物总数"相同的问题外,下载量可能偏向于具有大量本科生受众的领域,以及偏向于允许文章以开放获取方式发表且许多潜在读者从其他地方(比如数字存储器或广泛使用的开放获取期刊)无权访问这些文章的领域。

④查看次数。ResearchGate 记录的文章元数据的总浏览数。按学者、机构和国家汇总,结果数据可以表明对相关文章的兴趣程度,并且可能与下载次数高度相关。当网站上提供全文文章时,它可能存在与下载次数相似的偏差,尽管对于在其他地方容易获得全文的文献来说可能不是那么重要。

⑤ RG 分数。由 ResearchGate 使用一种未被完全公开的算法计算得出的每位学者或机构的分数。它基于对 ResearchGate 成员个人档案的贡献、与其他成员的互动以及在其他成员之间的声誉的分析。这大概包括上述三个指标的组成部分,因此也存在与它们相似的局限性。此外,它的活动部分对使用 ResearchGate 最多的学者和机构有很大的偏向,而使其成为一个学术成就和网站使用的混合指标。Thelwall M. 等(2015)评估了 ResearchGate 的使用和出版数据是否广泛反映了现有的学术等级,以及不同的国家是否会从中受益或受损,发现基于 ResearchGate 的总 RG 分数、总影响点、出版数、下载数和查看数等统计数据的排名,与 THE、QS、ARWU、CWTS 和 Webometrics 等系统的排名之间具有适度的相关性,表明 ResearchGate 的使用广泛反映了学术资本的传统分布。但是,研究者也发现对于 ResearchGate 的使用存在巨大的国别差异,比如巴西、印度等国家的学者要比中国、韩国和俄罗

斯等国家的学者使用的积极性更高,因此建议这些国家可以采取相应的对策,提升他们科学传播的效率。①

此外,Onyancha O. B. (2015)考察了南非顶尖大学基于 ResearchGate 的指标、WoS 引用统计以及世界大学网络计量排名(WRWU)之间的相关性,发现这些南非大学的研究论文在 ResearchGate 和 WoS 的覆盖率和影响力方面均存在强相关性,它们基于 ResearchGate、WoS 和 WRWU 的排名之间也同样高度相关。② Nasibi-Sis H.等(2020)发现医学学者的 ResearchGate 指标、引文指标及其学术排名之间存在显著的统计学关系,并建议高校学者积极参与学术社交网络,这有助于提升大学在全球和国家排名系统中的排名。③ Wiechetek L. 和 Pastuszak Z. (2022)以进入 ARWU 2019 排名的高校为样本,根据它们机构层级的 RG 评分、出版数量和成员人数三个 ResearchGate 指标,以及在这三个指标的基础上另外设计的七个指标,一共十个指标进行大学排名,并以 ARWU 排名为基准进行系统的比较研究,发现 ResearchGate 指标能够用于大学的学术评估,并指出深入的评估需要更先进的程序和指标衡量大学学术活动的诸多领域,比如研究、整合、应用、教学和共同创造等。④ Memisevic H. 和 Memisevic M. (2022)检验了高校的 WoS 出版物数量、Scopus 出版物数量和 ResearchGate 相关指标分数对其网络计量学排名(Webometrics Ranking)的影响,发现 ResearchGate 的 RG 分数和成员数量两个指标

---

① Thelwall M., Kousha K.. ResearchGate: Disseminating, Communicating, and Measuring Scholarship?[J]. Journal of the Association for Information Science and Technology, 2015,66 (5):876-889.
② Onyancha O. B.. Social Media and Research: An Assessment of the Coverage of South African Universities in ResearchGate, Web of Science and the Webometrics Ranking of World Universities [J]. South African Journal of Libraries and Information Science, 2015,81(1):8-20.
③ Nasibi-Sis H., Valizadeh-Haghi S., Shekofteh M.. ResearchGate Altmetric Scores and Scopus Bibliometric Indicators among Lecturers [J]. Performance Measurement and Metrics, 2020,22(1):15-24.
④ Wiechetek Ł., Pastuszak Z.. Academic Social Networks Metrics: An Effective Indicator for University Performance?[J]. Scientometrics, 2022,127(3):1381-1401.

与 Webometrics 排名高度相关,能够预测 72% 的 Webometrics 排名差异,说明 ResearchGate 分数在大学排名中具有潜在的价值。① Valizadeh-Haghi S. 等(2022)调查了伊朗学者在 ResearchGate 中参与医学活动的情况,并探讨了 ResearchGate 研究者用户分享出版物数量、提问活跃度、回答他人问题活跃度以及关注者数量四个指标对其 RG 分数的影响,以及他们在 Scopus 上的被引指标与 RG 评分之间的关系,发现分享的出版物数量和 RG 评分之间的相关性最高,提问指标的相关性最低,四个 ResearchGate 指标都和 Scopus 指标呈显著正相关,其中分享出版物数量与其他 ResearchGate 指标之间的相关性最高,因此他们认为学者参与 ResearchGate 社交网络活动对提高其引用指标是有效的,而且可能提高大学排名。②

另一方面,一些研究也指出将 RG 分数作为科学影响评价指标存在一定的局限性。Kraker P. 和 Lex E.(2015)发现 RG 分数存在三个严重的缺点:(1)分数不透明且无法重复;(2)直接使用期刊影响因子评估个体研究人员;(3)评分的变化无法重建。因此,目前的学术评估还不宜将 RG 分数考虑在内③。Copiello S. 和 Bonifaci P.(2018)认为 RG 分数更多反映了成员在社交网络环境中的参与度,其次才是学术出版物的影响。而且,RG 评分和其他指标并不一致,因此不能将其视为评价科学和学术声誉的可靠指标。④ Meier A. 和 Tunger D.(2018)通过调查研究发现,RG 分数的计算并不是清晰明确的,这无疑会影响它的

---

① Memisevic H., Memisevic M. Relationship between Webometrics University Rankings and ResearchGate Scores, Scopus and Web of Science [J]. International Journal of Information Science and Management (IJISM), 2022, 20(3):1-8.
② Valizadeh-Haghi S., Nasibi-Sis H., Shekofteh M., et al.. ResearchGate Metrics' Behavior and Its Correlation with RG Score and Scopus Indicators [J]. Information Technology and Libraries, 2022, 41(1):1-12.
③ Kraker P., Lex E.. A Critical Look at the ResearchGate Score as A Measure of Scientific Reputation [C]//Proceedings of the Quantifying and Analysing Scholarly Communication on the Web Workshop (ASCW'15), Web Science Conference. 2015.
④ Copiello S., Bonifaci P.. A few Remarks on ResearchGate Score and Academic Reputation [J]. Scientometrics, 2018, 114(1):301-306.

信息价值。[1] Lepori B. 等(2018)指出虽然 ResearchGate 已经成为最受欢迎的学术社交网络之一,但它给学术机构分配的分数仍存在争议:机构的 RG 分数更多体现了研究的数量而不是研究的可见度,因此它作为机构之间比较标准的价值是有限的。[2]

第二节　研究问题与方法

一、研究问题

本研究的主要目的是进一步了解国内外一流大学参与 ResearchGate 的程度及其统计数据情况;调查国内外一流大学的 ResearchGate 分数和它们在 ARWU、Leiden、THE、QS 和 Nature Index 等全球大学排名系统中的总分和各子维度得分之间的相关性,揭示 ResearchGate 分数与这些排名系统得分之间存在的共同因素;评估 ResearchGate 指标数据是否反映了高校的传统学术影响力级别,即他们在主流大学排名系统中的得分情况;探讨将 ResearchGate 分数作为测评高校研究成果科学影响和非科学影响的潜力。因此,本研究将重点解决以下 4 个问题:

(1) 国内外一流大学机构层面的 ResearchGate 指标得分情况如何,是否存在差异?

(2) ResearchGate 指标与主流大学排名系统得分之间是否具有相关性,能否将其用于设计替代性或竞争性的大学排名指标?

(3) RG 分数能否预测大学在主流大学排名系统中的位置?

(4) 基于 RG 分数的大学排名和 ARWU 排名之间有何差异,哪些

---

[1] Meier A., Tunger D.. Survey on Opinions and Usage Patterns for the ResearchGate Platform [J]. Plos One, 2018, 13(10): e0204945.
[2] Lepori B., Thelwall M., Hoorani B. H.. Which US and European Higher Education Institutions are Visible in ResearchGate and What Affects Their RG Score? [J]. Journal of Informetrics, 2018, 12(3): 806-818.

ARWU 组别的大学可以使用 ResearchGate 指标来识别?

二、研究方法与数据获取

(一) 研究方法

本研究主要通过数据采集与分析方法,了解国内外一流大学样本高校(采用第三章第三节的样本高校数据)2021 年被 WoS 核心数据库收录的研究成果在 ResearchGate 中的覆盖范围及使用情况,检验将 ResearchGate 指标分数作为高校科研影响力计量评价数据来源的必要性和可行性。我们使用 Python 语言编写网络爬虫程序,抓取样本高校的 ResearchGate 指标数据,然后使用 SPSS 软件对收集到的数据进行统计分析。

(二) 数据爬取与处理

1. 高校机构 ResearchGate 数据的爬取

分析样本高校的 ResearchGate 指标数据和它们在 ARWU、QS、THE、Leiden 和 Nature Index 等大学排名系统中的得分之间的相关性的前提是获取这些相关的数据。首先,我们分别从这些大学排名系统的官网下载样本高校 2021 年的整体分数及子维度指标数据,如图 4.1 所示。然后,研究团队于 2021 年 10 月利用 Python 语言编写的爬虫程序从 ResearchGate 站点爬取下载各样本高校机构主页和统计页面上的相关指标数据。ResearchGate 为各高校提供了机构主页,其中概要栏目(Overview)提供了三个机构指标数据:RG 总评分(Total RG)、成员人数和出版物总数。此外,机构主页还提供了机构成员统计数据页面,该页面包括:机构成员出版物的阅读总数(Reads of members' publications),它是反映一所大学学术社交网络活动参与度及其学术影响力的重要指标;阅读该机构出版物次数最多的三个国家;阅读该机构出版物次数最多的三个机构;阅读次数最多的出版物列表;阅读次数最多的成员名单。ResearchGate 数据不提供直接的下载通道,也不提供专用的 API 访问接口,而且分层次分布在不同的页面上,因此需要专门编写程序进行多层次的数据爬取,具体爬取过程如下:

（1）确定样本高校的 ResearchGate 机构主页地址；

（2）爬取"Overview"页面的 RG 总评分（Total RG）、成员人数和出版物总数等数据；

（3）爬取"Member stats"页面的机构阅读总数、阅读次数最多的国家和机构及相应的阅读次数、按阅读量排名的顶级出版物（Top publications by reads）和最受欢迎成员（Popular members）的相应数据及链接（为后续进一步获取这些出版物或成员的详细数据提供数据爬取地址）。

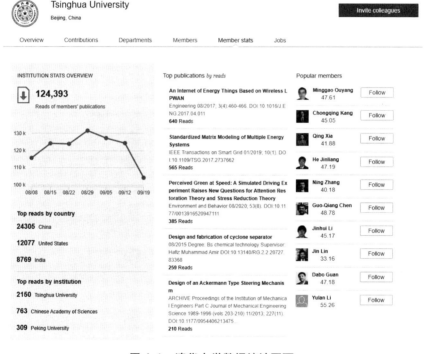

图 4.1　清华大学数据统计页面

2. 高校成员数据的爬取

ResearchGate 为每一位高校成员用户提供了个人主页，如图 4.2 所示。其中包括一些具有计量价值的数据信息：①个人统计概要（Stats overview）的总研究兴趣（Total Research Interest）、引用（Citations）、推荐（Recommendations）和阅读（Reads）四个指标数据；

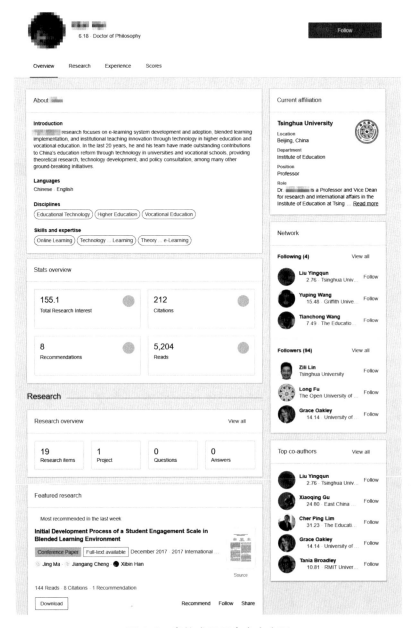

图 4.2　高校成员用户个人主页

②个人研究概要(Research overview)的研究条目(Research items)、项目(Project)、提问(Questions)和回答(Answers)四个指标数据;③社会网络数据,包括关注(Following)和被关注(Followers)两个指标数据。这些成员数据的获取需要知道所有高校成员用户对应的个人主页地址,考虑到用户数量过于庞大(高达851978条),而且ResearchGate网站会通过流量限制一个帐号一天的数据访问量,我们无法将样本高校所有用户的详细数据全部采集下来,所以本研究将重点放在各机构的最受欢迎成员(Popular members)和RG分数最高成员数据的采集和挖掘上。高校成员用户数据的具体爬取过程如下:

(1) 从各高校的用户列表页面获取其中所有用户的RG分数及其主页链接地址,然后在此基础上计算得出各高校RG分数排名最高的用户列表;

(2) 获取各高校最受欢迎成员用户的个人主页地址,由上一节高校机构数据爬取的第三步获得;

(3) 利用Python语言编写的爬虫程序通过各机构的最受欢迎成员(Popular members)和RG分数最高成员的个人主页地址爬取他们的详细数据。

3. 高校顶级出版物数据的爬取

ResearchGate的出版物详细页面提供了关于论文的元数据信息,比如隶属机构、类别、标题、时间、DOI编号、来源和作者列表等,同时还提供了论文的基本统计信息,具体包括研究兴趣分数(Research Interest Score)、引用(Citations)、推荐(Recommendations)和阅读(Reads)四个指标数据。高校出版物数据爬取过程如下:

(1) 获取高校按阅读次数排名的顶级出版物详细地址,由上一节高校机构数据爬取的第三步获得;

(2) 利用Python语言编写的爬虫程序爬取各机构顶级出版物(Top publications by reads)的四个指标数据。

4. 高校ResearchGate数据概要

通过上述三个阶段的数据采集过程,本研究获取了56所国内外一流大学的 ResearchGate 指标数据，具体数据指标及其含义介绍如表 4.1 所示。所有指标包括机构整体指标、机构最受欢迎用户指标、机构顶级用户指标和机构顶级出版物指标四大类别。其中机构整体指标包括机构整体 RG 分数、注册成员人数、分享出版物总数和出版物阅读次数四个子指标；最受欢迎和顶级用户均为用户指标，包括用户 RG 分数、总体研究兴趣指数、引用次数、推荐次数、阅读次数、分享研究条目数、项目数、提问次数、回答次数、关注他人次数和被关注次数十一个子指标；顶级出版物则包括研究兴趣分数、引用次数、推荐次数、阅读次数和评论次数五个子指标。

表 4.1 ResearchGate 数据指标及其内容描述

类别	RG 数据指标	内容描述
机构整体指标	RG Score	机构整体 RG 分数
	RG Members	机构注册成员人数
	RG Publications	机构出版物总数
	RG Reads	机构成员出版物的阅读次数
机构最受欢迎用户（Popular members）指标	POP RG Score	最受欢迎用户 RG 分数
	POP Interest	最受欢迎用户总体研究兴趣指数
	POP Citations	最受欢迎用户引用次数
	POP Recommendations	最受欢迎用户推荐次数
	POP Reads	最受欢迎用户阅读次数
	POP Research items	最受欢迎用户研究条目数
	POP Projects	最受欢迎用户项目数
	POP Questions	最受欢迎用户提问次数
	POP Answers	最受欢迎用户回答提问次数
	POP Following	最受欢迎用户关注他人次数
	POP Followers	最受欢迎用户被关注次数
机构顶级用户指标（按用户 RG Score 高低排名）	POP RG Score	顶级用户 RG 分数
	POP Interest	顶级用户总体研究兴趣指数
	POP Citations	顶级用户引用次数

续表

类别	RG 数据指标	内容描述
	POP Recommendations	顶级用户推荐次数
	POP Reads	顶级用户阅读次数
	POP Research items	顶级用户研究条目数
	POP Projects	顶级用户项目数
	POP Questions	顶级用户提问次数
	POP Answers	顶级用户回答提问次数
	POP Following	顶级用户关注他人次数
	POP Followers	顶级用户被关注次数
机构顶级出版物指标（按阅读次数排名）	Research Interest Score	顶级出版物研究兴趣分数
	Citations	顶级出版物引用次数
	Recommendations	顶级出版物推荐次数
	Reads	顶级出版物阅读次数
	Comments	顶级出版物评论次数

（三）数据统计与分析

本研究使用 IBM SPSS Statistics 19 软件对收集到的数据分别进行描述性统计分析、相关性分析、聚类分析、多元线性回归分析和因子分析。首先，通过描述性统计分析了解国内外一流大学的 ResearchGate 指标，包括 RG 分数、注册成员数、分享出版物数和出版物阅读次数的大体情况，并通过均值比较明确国内"双一流"建设高校和国际一流大学的四个 ResearchGate 指标分数之间是否存在显著的差异。其次，通过回归分析检验样本高校的 ResearchGate 指标分数是否对其在 ARWU、THE、QS、Nature Index 和 Leiden 等大学排名系统中的得分具有显著的影响。最后，通过相关分析揭示高校的 ResearchGate 指标分数和大学排名系统分数之间的相关性，挖掘高校 ResearchGate 指标作为大学排名系统补充计量指标的潜力。

第三节 数据分析及讨论

一、国内外一流大学 ResearchGate 指标得分情况比较

为了了解国内外一流大学机构层面 ResearchGate 指标的得分情况,我们对它们的指标分数进行了描述性统计分析,结果如表 4.2 所示。各大学的总体 RG 分数的平均值接近 88 026,平均成员数略高于 14 712,平均出版物数量接近 134 079,平均阅读次数约为 76 842。

表 4.2 高校 ResearchGate 指标的描述性统计分析结果

描述		RG Score	RG Members	RG Publications	RG Reads
均值		88 025.735 714	14 712.75	134 079.04	76 842.32
均值的 95% 置信区间	下限	73 971.710 631	12 280.11	108 106.25	60 794.12
	上限	102 079.760 797	17 145.39	160 051.82	92 890.52
5% 修整均值		86 485.558 89	14 122.11	128 563.06	71 950.19
中值		70 990.015 000	12 760.50	96 746.50	53 344.00
标准差		52 479.213 243 1	9 083.742	96 985.125	59 925.668
极小值		2 828.900 0	1 159	6 481	2 313
极大值		202 967.060 0	51 545	383 256	262 435
全距		200 138.160 0	50 386	376 775	260 122
四分位距		86 220.492 5	11 163	166 141	79 762
偏度		0.530	1.422	0.820	1.233
峰度		−0.798	3.575	−0.452	0.903

所有分析指标数据的中位数均低于平均值,所以数据分布呈现不对称的右偏。RG 分数、成员人数、出版物数和出版物总阅读数的偏度值分别为 0.530、1.422、0.820 和 1.233。RG 分数的最大值为最小值

的71.7倍多；注册成员用户方面，最少的只有1 159位ResearchGate注册用户，最多的有51 545位注册用户；出版物方面，最少的只有6 481条文献，最多的有383 256条文献；出版物阅读次数方面，最少的只有2 313次，最多的有262 435次，相差113.5倍。相对标准偏差（Relative Standard Deviation，RSD）结果表明，对于所有指标，残差具有较大的波动性（RSD＞60%）。

以国际、国内为分组变量，对国内外一流大学四个ResearchGate指标进行两独立样本T检验，结果如表4.3所示。从中可以看出，除成员数（RG Members）以外，其他三个指标F统计量的观察值均大于4.5，且对应的概率p值均小于0.05，可以认为国内外样本高校这三个指标数据的方差存在显著差异，应该从假设方差不相等那一行读取对应的t值，分别为4.752、8.531和5.986，对应的双尾概率p值均为0.000，即p＜a，与原假设不一致，因此可以认为国内外一流大学的RG分数、分享的出版物数和出版物的阅读量之间存在统计学上显著的差异。机构成员人数的F统计量的观察值为1.313，对应的概率p值为

表4.3　国内外一流高校ResearchGate指标两独立样本的T检验结果

		方差方程的Levene检验		均值方程的t检验		
		F	Sig.	t	df	Sig.（双侧）
RG Score	假设方差相等	4.551	0.037	5.281	54	0.000
	假设方差不相等			4.752	29.139	0.000
RG Members	假设方差相等	1.313	0.257	2.363	54	0.022
	假设方差不相等			2.131	29.316	0.042
RG Publications	假设方差相等	6.192	0.016	10.126	54	0.000
	假设方差不相等			8.531	24.712	0.000
RG Publications	假设方差相等	15.074	0.000	7.353	54	0.000
	假设方差不相等			5.986	22.871	0.000

0.257,远大于 0.05,可以认为两总体的方差无显著差异,因此应该从假设方差相等那一行读取对应的 t 值和双尾概率 p 值,分别为 2.363 和 0.022,其中 p 值也小于 0.05,即 p<a,与原假设不一致,因此可以认为国内外一流大学 ResearchGate 的注册成员数之间同样存在统计学上显著的差异。

二、一流大学 ResearchGate 指标与其在不同排名系统中的得分之间的相关性

我们计算了国内外一流大学的 ResearchGate 指标和他们在大学排名系统中的得分之间的相关性。相关性分析使用的是斯皮尔曼相关性(Spearman correlation)分析方法,而不是皮尔逊相关性(Pearson correlation)分析方法,因为各排名系统的数据具有不同的划分标准,而且数据也不符合正态分布。斯皮尔曼相关分析基于相关系数 r 解释不同指标变量之间相关性的强度。一般而言,如果 r>0.7,则表明相关性很强,如果 $0.5 \leq r \leq 0.7$,则表明相关性中等,如果 r<0.5,则表明相关性较弱[1]。每所大学的四个 ResearchGate 指标值,以及它们在 THE、QS、ARWU、Leiden 和 Nature Index 五个大学排名系统中的得分之间的相关系数如表 4.4 所示。我们发现各高校的 RG 分数、注册成员数、分享出版物数和阅读量之间都存在强相关性(r>0.7),其中,RG 分数与分享出版物数(r=0.912)和阅读量(r=0.953)之间的相关系数要高于与注册成员数(r=0.893)之间的相关系数,说明 RG 分数的主要来源并不像之前一些研究所认为的是成员规模,而是更多来源于这些高校贡献的出版物数量以及它们总的阅读次数。

样本高校的四个 ResearchGate 指标值与五个排名系统得分之间均存在显著的相关性,而且所有相关系数均在中等相关及以上。其中,

---

[1] Moshtagh M., Sotudeh H.. Correlation between Universities' Altmetric Attention Scores and Their Performance Scores in Nature Index, Leiden, Times Higher Education and Quacquarelli Symonds Ranking Systems [J]. Journal of Information Science, 2021(4):1-14.

表 4.4　样本高校的 ResearchGate 指标及排名系统表现分数之间的相关系数

	RG Score	RG Members	RG Pubs	RG Reads	THE	QS	ARWU	Leiden	Nature
RG Score	1	0.893**	0.912**	0.953**	0.646**	0.662**	0.693**	0.912**	0.771**
RG Members		1	0.765**	0.849**	0.519**	0.508**	0.517**	0.813**	0.674**
RG Pubs			1	0.947**	0.802**	0.802**	0.864**	0.900**	0.837**
RG Reads				1	0.769**	0.795**	0.800**	0.911**	0.803**
THE					1	0.917**	0.904**	0.697**	0.784**
QS						1	0.879**	0.675**	0.790**
ARWU							1	0.776**	0.798**
Leiden								1	0.754**
Nature									1

注：THE：2021 年泰晤士世界大学排名整体分数（Overall），https://www.timeshighereducation.com/world-university-rankings/2021/world-ranking；
QS：2022 年 QS 世界大学排名整体分数（Overall），https://www.topuniversities.com/university-rankings/world-university-rankings/2022，于 2021 年 6 月 08 发布；
ARWU：2021 世界大学学术排名总分，https://www.shanghairanking.cn/rankings/arwu/2021；
Leiden：2021CWTS 莱顿大学排名，https://www.leidenranking.com/ranking/2021/list；
Nature：Nature Index Share 2021, https://www.nature.com/nature-index/annual-tables/2021/institution/all/all/global.

分享出版物数和阅读量两个指标与所有排名系统得分之间均存在强相关性($r>0.7$)，RG 分数与莱顿大学排名和 Nature Index 分数之间存在强相关性($r>0.7$)，注册成员数只和莱顿大学排名之间存在强相关性($r>0.7$)，这进一步说明 ResearchGate 形成的社会网络影响力主要源自研究成果，而不是机构成员人数。而且，与 Thelwall M. 和 Kousha K. (2015)的研究相比，这些指标之间的相关性均有了较大幅度的提升，可能是因为经过几年的发展，各大学及其研究人员更加重视社交网络媒体在学术交流与知识传播过程中的重要性，他们参与 ResearchGate 活动的兴趣与日俱增，从而提升了高校研究成果在 ResearchGate 中的覆盖率和影响力。

三、ResearchGate 指标值对大学排名分数的影响

相关性分析结果显示样本高校的四个 ResearchGate 指标值与五个排名系统得分之间均存在显著的相关性，如需要进一步探讨高校的 ResearchGate 指标值对其大学排名系统得分的影响，还需要进行回归分析。我们将高校的 RG 分数、注册成员数、分享出版物数和阅读量分别定义为 X1、X2、X3 和 X4，然后分别以它们在 THE、QS、ARWU、Leiden 和 Nature Index 五个排名系统中的得分为因变量，进行多元线性回归分析，以揭示高校的 ResearchGate 指标值对其在大学排名系统中得分的影响。

（一）ResearchGate 指标值对 ARWU 分数的影响

回归分析使用进入(Enter)方法，将高校的 ARWU 得分设置为因变量进行分析。模型拟合优度检验结果如表 4.5 所示，相关系数 R 为 0.895，判断系数 R^2 为 0.802，调整判断系数 R^2 为 0.786，表明回归方程拟合优度较好，即被解释变量可以被模型解释的部分较多[1]。

---

[1] 张屹，周平红. 教育研究中定量数据的统计与分析：基于 SPSS 的应用案例解析[M]. 北京大学出版社，2015.

表 4.5 拟合优度检验结果

模型	R	R方	调整R方	标准估计的误差
1	0.895a	0.802	0.786	9.547 63

回归方程的显著性检验结果如表 4.6 所示。从中可以看出，回归平方和为 18 435.009，残差平方和为 4 557.866，离差平方和为 22 992.875。统计量 F 值为 50.558，显著性概率 p 值为 0.000，说明因变量和自变量之间的线性关系非常显著，可以建立线性模型。

表 4.6 回归方程显著性检验结果

模型		平方和	df	均方	F	Sig.
1	回归	18 435.009	4	4 608.752	50.558	0.000a
	残差	4 557.866	50	91.157		
	总计	22 992.875	54			

表 4.7 为回归系数表，其中回归模型的常数项为 17.778，自变量 RGScore、RGPublications 和 RGReads 的 p 值均小于 0.05，应该保留在回归方程中。因此，高校的 RG 分数、分享出版物数和阅读量均对其 ARWU 分数具有一定的影响，影响系数分别为 −0.000 23、−0.000 48 和 0.000 23。根据多元线性回归分析结果，高校 ResearchGate 指标值

表 4.7 回归系数结果

模型		非标准化系数		标准化系数	t	Sig.
		B	Std. error	Beta		
1	（常量）	17.778 00	2.947		6.033	0
	RGScore	−0.000 23	0	−0.571	−2.85	0.006
	RGMembers	0.000 19	0	−0.208	−1.616	0.112
	RGPublications	−0.000 48	0	0.884	5.492	0.000
	RGReads	0.000 23	0	0.659	3.265	0.002

估算其 ARWU 系统得分的最终模型如下:

ARWUScore＝17.778 00－0.000 23* RGScore－0.000 48* RGPublications＋0.000 23* RGReads

(二) ResearchGate 指标值对 THE 分数的影响

回归分析使用进入(Enter)方法,将高校的 THE 系统得分设置为因变量进行分析。模型拟合优度检验结果如表 4.8 所示,相关系数 R 为 0.841,判断系数 R^2 为 0.708,调整判断系数 R^2 为 0.684,表明回归方程拟合优度较好,即被解释变量可以被模型解释的部分较多[①]。

表4.8 拟合优度检验结果

模型	R	R方	调整R方	标准估计的误差
1	0.841a	0.708	0.684	15.123 6

回归方程的显著性检验结果如表 4.9 所示。从中可以看出,回归平方和为 27 128.753,残差平方和为 11 207.368,离差平方和为 38 336.121。统计量 F 值为 29.653,显著性概率 p 值为 0.000,说明因变量和自变量之间的线性关系非常显著,可以建立线性模型。

表4.9 回归方程显著性检验结果

模型		平方和	df	均方	F	Sig.
1	回归	27 128.753	4	6 782.188	29.653	0.000a
	残差	11 207.368	49	228.722		
	总计	38 336.121	53			

表 4.10 为回归系数表,其中回归模型的常数项为 29.999,自变量

---

① 张屹,周平红.教育研究中定量数据的统计与分析:基于 SPSS 的应用案例解析[M].北京大学出版社,2015.

只有 RGPublications 的 p 值小于 0.05,应该保留在回归方程中。因此,高校的 ResearchGate 指标值中,只有分享出版物数对其 THE 分数具有一定的影响,影响系数为 0.000 23。根据多元线性回归分析结果,高校 ResearchGate 指标值估算其 THE 系统得分的最终模型如下:

THEOverall＝29.999＋0.000 23* RGPublications

表 4.10　回归系数结果

模型		非标准化系数		标准化系数	t	Sig.
		B	Std. error	Beta		
1	(常量)	29.999	4.687		6.4	0.000a
	RGScore	−0.000 18	0.000 14	−0.345	−1.287	0.204
	RGMembers	0.000 17	0.000 5	0.058	0.348	0.729
	RGPublications	0.000 23	0.000 05	0.816	4.165	0.000
	RGReads	0.000 14	0.000 11	0.311	1.223	0.227

(三) ResearchGate 指标值对 QS 分数的影响

回归分析使用进入(Enter)方法,将高校的 QS 得分设置为因变量进行分析。模型拟合优度检验结果如表 4.11 所示,相关系数 R 为 0.845,判断系数 R^2 为 0.714,调整判断系数 R^2 为 0.689,表明回归方程拟合优度较好,即被解释变量可以被模型解释的部分较多[1]。

表 4.11　拟合优度检验结果

模型	R	R 方	调整 R 方	标准估计的误差
1	0.845	.714	.689	21.553 3

回归方程的显著性检验结果如表 4.12 所示。从中可以看出,回归

---

[1] 张屹,周平红.教育研究中定量数据的统计与分析:基于 SPSS 的应用案例解析[M].北京大学出版社,2015.

平方和为 54 379.29,残差平方和为 21 833.51,离差平方和为 76 212.8。统计量 F 值为 29.265,显著性概率 p 值为 0.000,说明因变量和自变量之间的线性关系非常显著,可以建立线性模型。

表4.12 回归方程显著性检验结果

模型		平方和	df	均方	F	Sig.
1	回归	54 379.29	4	13 594.82	29.265	0.000a
	残差	21 833.51	47	464.543		
	总计	76 212.8	51			

表4.13为回归系数表,其中回归模型的常数项为27.612 26,自变量只有RGPublications的p值小于0.05,应该保留在回归方程中。因此,高校的ResearchGate指标值中,只有分享出版物数对其QS分数具有一定的影响,影响系数为0.000 19。根据多元线性回归分析结果,高校ResearchGate指标值估算其QS系统得分的最终模型如下:

$$QSSCORE = 27.612\,26 + 0.000\,19 * RGPublications$$

表4.13 回归系数结果

模型		非标准化系数		标准化系数	t	Sig.
		B	Std. error	Beta		
1	(常量)	27.612 26	7.508 41		3.678	0.001
	RGScore	−0.000 07	0.000 18	−0.123	−0.393	0.697
	RGMembers	0.000 1	0.000 65	0.03	0.15	0.881
	RGPublications	0.000 19	0.000 07	0.614	2.6	0.013
	RGReads	0.000 13	0.000 15	0.282	0.897	0.375

(四) RG指标对Nature Index分数的影响

回归分析使用进入(Enter)方法,将NatureShare2022得分设置为因变量进行分析。模型拟合优度检验结果如表 4.14 所示,相关系数 R 为 0.688,判断系数 R^2 为 0.474,调整判断系数 R^2 为 0.430,表明回归方程拟合优度较好,即被解释变量可以被模型解释的部分较多[①]。

表 4.14 拟合优度检验结果

模型	R	R 方	调整 R 方	标准估计的误差
1	0.688	.474	.430	125.492 19

回归方程的显著性检验结果如表 4.15 所示。从中可以看出,回归平方和为 680 449.292,残差平方和为 755 917.848,离差平方和为 1 436 367.14。统计量 F 值为 10.802,显著性概率 p 值为 0.000,说明因变量和自变量之间的线性关系非常显著,可以建立线性模型。

表 4.15 回归方程显著性检验结果

模型		平方和	df	均方	F	Sig.
1	回归	680 449.292	4	170 112.323	10.802	0.000a
	残差	755 917.848	48	15 748.289		
	总计	1 436 367.14	52			

表 4.16 为回归系数表,其中回归模型的常数项为 76.750 9,自变量只有 RGPublications 的 p 值小于 0.05,应该保留在回归方程中。因此,高校的 ResearchGate 指标值中,只有分享出版物数对其 NatureShare2022 分数具有一定的影响,影响系数为 0.001 17。根据多元线性回归分析结果,高校 ResearchGate 指标值估算其 NatureShare2022 得分的最终模型如下:

NatureShare2022＝76.750 9＋0.001 17*RGPublications

[①] 张屹,周平红. 教育研究中定量数据的统计与分析:基于 SPSS 的应用案例解析[M]. 北京大学出版社,2015.

表 4.16　回归系数结果

模型		非标准化系数		标准化系数	t	Sig.
		B	Std. error	Beta		
1	（常量）	76.752 09	41.562 96		1.847	0.071
	RGScore	0.000 29	0.001 06	0.09	0.277	0.783
	RGMembers	0.002 37	0.003 94	0.126	0.602	0.55
	RGPublications	0.001 17	0.000 46	0.674	2.563	0.014
	RGReads	−0.000 46	0.000 93	−0.164	−0.493	0.624

（五）RG 指标对 Leiden 分数的影响

回归分析使用进入（Enter）方法，将 Leiden PPtop10 得分设置为因变量进行分析。模型拟合优度检验结果如表 4.17 所示，相关系数 R 为 0.842，判断系数 R^2 为 0.708，调整判断系数 R^2 为 0.685，表明回归方程拟合优度较好，即被解释变量可以被模型解释的部分较多[①]。

表 4.17　拟合优度检验结果

模型	R	R 方	调整 R 方	标准估计的误差
1	0.842	0.708	0.685	0.022 97

回归方程的显著性检验结果如表 4.18 所示。从中可以看出，回归平方和为 640.443，残差平方和为 263.872，离差平方和为 904.315。统计量 F 值为 30.339，显著性概率 p 值为 0.000，说明因变量和自变量之间的线性关系非常显著，可以建立线性模型。

表 4.18　回归方程显著性检验结果

模型		平方和	df	均方	F	Sig.
1	回归	640.443	4	160.111	30.339	0.000a
	残差	263.872	50	5.277		
	总计	904.315	54			

[①] 张屹，周平红. 教育研究中定量数据的统计与分析：基于 SPSS 的应用案例解析[M]. 北京大学出版社，2015.

表 4.19 为回归系数表,其中回归模型的常数项为 11.588 96,所有自变量的 p 值均小于 0.05,都应该保留在回归方程中。因此,高校的 ResearchGate 指标值中,RG 分数、注册成员数、分享出版物数和阅读量都对其 Leiden PPtop10 分数具有一定的影响,影响系数分别为 −0.000 04、−0.000 20、0.000 03 和 0.000 07。根据多元线性回归分析结果,高校 ResearchGate 指标值估算其 Leiden PPtop10 得分的最终模型如下:

Leiden PPtop10 = 11.588 96 − 0.000 04 * RGScore − 0.000 20 * RGMembers + 0.000 03 * RGPublications + 0.000 07 * RGReads

表 4.19 回归系数结果

模型		非标准化系数		标准化系数	t	Sig.
		B	Std. error	Beta		
1	(常量)	11.588 96	0.709 09		16.343	0.000
	RGScore	−0.000 04	0.000 02	−0.508	−2.092	0.042
	RGMembers	−0.000 20	0.000 07	−0.447	−2.853	0.006
	RGPublications	0.000 03	0.000 01	0.620	3.177	0.003
	RGReads	0.000 07	0.000 02	0.949	3.873	0.000

通过回归分析,我们可以发现样本大学的 ResearchGate 指标值对其在大学排名系统中的得分具有一定的影响,其中 Leiden PPtop10 分数同时受到 RG 分数、注册成员数、分享出版物数和阅读量的影响;ARWU 分数受到 RG 分数、分享出版物数和阅读量的影响;THE、QSSCORE 和 NatureShare2022 等分数均只受到分享出版物数量的影响。总体而言,高校在 ResearchGate 上分享的出版物总数能够在一定程度上预见其在各大排名系统中的得分情况,而注册成员人数的影响相对较弱。

根据标准化系数,我们可以构建以下五个标准化回归模型。其中,变量 RGPublications 在各模型中的标准化回归系数最高,均高于 0.6,因此可以认为它对各因变量,即高校在各大学排名系统中的得分的影响最大;变量 RGReads 同时对 ARWUScore 和 Leiden PPtop10 分数存在较大的影响,尤其是对 Leiden PPtop10 得分的标准化回归系数高达 0.949;变量 RGMembers 只对 Leiden PPtop10 分数具有一定的影响,而且标准化系数最低。因此,我们可以在一定程度上通过一所大学的 ResearchGate 指标值估算其在各大学排名系统中的表现。这些发现能够为"双一流"建设高校提高自己的学术影响力提供一些启示:高校需要鼓励教职人员和学生参与学术社交网络;加强高校成员用户分享个人研究成果的意愿,提高研究成果的学术社交网络覆盖率;提高用户参与提问、回答、评论等社交网络活动的积极性以及研究成果的阅读量。这些举措有助于提高高校在学术排名系统中的得分。

(1) $ARWUScore = -0.571^* RGScore + 0.884^* RGPublications + 0.659^* RGReads$

(2) $THEOverall = 0.816^* RGPublications$

(3) $QSSCORE = 0.614^* RGPublications$

(4) $NatureShare2022 = 0.674^* RGPublications$

(5) $Leiden\ PPtop10 = -0.508^* RGScore - 0.447^* RGMembers + 0.620^* RGPublications + 0.949^* RGReads$

四、ResearchGate 内部各指标之间的相关性

样本高校的四个机构层级 ResearchGate 指标值与其最受欢迎成员用户(Popular members,POP 用户)、顶级成员用户(一所高校 RG 分数排名前 10 的用户,TOP 用户)的 RG 分数、研究兴趣、引用、推荐、阅读、研究条目、项目、提问、回答、关注和被关注十一个指标数据,以及顶级出版物(按阅读次数排名)的研究兴趣、引用、推荐、阅读和评论五个指标数据之间的相关性分析结果如表 4.20 所示。

表 4.20 高校 ResearchGate 内部指标之间的相关系数

指标	RG Score	RG Members	RG Publications	Reads Publications
POP RG	0.398**	0.226	0.455**	0.369**
POP Interest	0.707**	0.554**	0.821**	0.782**
POP Citations	0.704**	0.540**	0.813**	0.774**
POP Recommendations	0.123	0.142	0.102	0.178
POP Reads	0.628**	0.511**	0.722**	0.769**
POP Researchitems	0.261	0.147	0.273*	0.22
POP Projects	0.182	0.149	0.168	0.181
POP Questions	−0.001	−0.038	−0.087	−0.06
POP Answers	0.088	0.092	0.01	0.025
POP Following	−0.022	−0.003	−0.013	−0.048
POP Followers	0.691**	0.606**	0.803**	0.787**
TOP RG	0.863**	0.706**	0.933**	0.902**
TOP Interest	0.758**	0.587**	0.854**	0.820**
TOP Citations	0.759**	0.585**	0.857**	0.821**
TOP Recommendations	0.653**	0.603**	0.711**	0.730**
TOP Reads	0.656**	0.560**	0.694**	0.724**
TOP Researchitems	0.770**	0.597**	0.827**	0.775**
TOP Projects	0.317*	0.218	0.294*	0.319*
TOP Questions	0.482**	0.405**	0.519**	0.527**
TOP Answers	0.509**	0.377**	0.563**	0.535**
TOP Following	0.548**	0.397**	0.490**	0.533**
TOP Followers	0.672**	0.562**	0.695**	0.710**
Research Interest Score	0.509**	0.424**	0.608**	0.596**
Citations	0.456**	0.327*	0.566**	0.546**
Recommendations	0.177	0.101	0.233	0.256

续表

指标	RG Score	RG Members	RG Publications	Reads Publications
Reads	0.620**	0.561**	0.654**	0.673**
Comments	0.450**	0.360**	0.472**	0.491**

相比最受欢迎成员用户指标数据而言,顶级成员用户指标数据与四个机构层级指标数据,RG分数、注册成员数、分享出版物数以及阅读量之间的相关系数更高。最受欢迎成员用户的研究产出(如研究条目和项目数量)、提问、回答问题和主动关注他人等指标数据与机构层级指标数据之间基本上不存在显著的相关性,而顶级成员用户的这些指标数据都和机构层级指标数据之间,除项目数与注册成员数外,均存在显著的相关性。

顶级成员用户的 RG 分数与机构层级的四个指标数据之间均存在强相关性,与机构分享出版物数之间的相关系数最高(r=0.933),其次是阅读量(r=0.902)、RG 分数(r=0.863),而和机构注册成员数之间的相关性略低(r=0.706)。TOP 用户的研究统计数据如总的研究兴趣、引用、推荐和阅读四个指标数据均与四个机构指标数据之间存在显著的相关性。POP 用户的这些指标,除推荐外,也与四个机构指标数据之间存在显著的相关性,但相关系数整体上略低一些。用户研究产出方面,TOP 用户的研究条目数与四个机构指标数据之间均存在显著的相关性,而项目数与机构的 RG 分数、分享出版物数、阅读量等机构指标之间呈现弱相关,而与机构注册成员数之间不存在显著的相关性。因此,机构层级的 Research 指标更多与该机构的高 RG 分数用户的指标数据相关,而这些用户的指标数据与高校成员人数总规模之间的相关性相对来说偏弱。因此,一所大学产生的学术社交网络影响力更多体现在其顶级成员用户上,而与该机构人数规模大小之间的相关性要弱一些。

社会交往指标方面,POP 用户和 TOP 用户的关注者人数都与四个机构指标数据之间呈现显著的相关性,其中 POP 用户的相关系数稍微偏强。其他像提问、回答、关注他人等指标数据方面,TOP用户的指标数据均与机构指标数据之间显著相关,而POP用户的指标数据与机构指标数据之间不存在显著的相关性。TOP出版物方面,除推荐次数外,其他均与四个机构指标数据之间存在显著的相关性,而其中又以阅读次数的相关系数最高。整体而言,高校的总体学术社交网络影响力,更多来自于该高校用户贡献的出版物数及这些出版物的阅读量,而不是该机构人数规模的大小。贡献最大的用户为TOP用户,其中研究影响数据要高于社会影响数据,用户的整体研究兴趣、引用、被阅读、被关注和出版物阅读量等指标数据对高校机构产生的学术影响力或社会影响力的贡献更大。

五、高校RG分数与其ARWU分数之间的相关性

各大学的RG分数与其在ARWU系统中的各指标维度分数之间的相关系数如表4.21所示。首先,RG分数与ARWU总体评分(r=0.693)之间呈显著正相关,置信区间为99%。除教师获奖外,RG分数与所有ARWU指标分数之间都存在显著的相关性。其次,RG分数与国际论文得分之间的相关性最强(r=0.800),而与校友和教师获奖指标分数之间的相关性最弱,说明高校RG分数和研究产出之间存在较强的相关性。

表4.21 高校RG分数和ARWU各指标维度之间的相关系数

大学排名系统指标维度	Correlation coefficient	Significance (two-tailed)
ARWUScore	0.693**	0.000
校友获奖	0.505**	0.000
教师获奖	−0.343	0.139
高被引科学家	0.648**	0.000
N&S论文	0.678**	0.000
国际论文	0.800**	0.000
师均表现	0.650**	0.000

六、高校 RG 分数与其 THE 分数之间的相关性

各大学的 RG 分数与其在 THE 系统中的各指标维度分数之间的相关系数如表 4.22 所示。首先,RG 分数与 THE 总体分数(r=0.646)之间呈显著正相关,置信区间为 99%。与第三章高校的 AAS 和 THE 各指标维度分数之间的相关分析结果相似,除产业收入外,RG 分数与其他所有 THE 指标分数之间都存在显著的相关性,但是相关系数要比 AAS 的低。其次,RG 分数与 THE 的教学分数之间的相关性最强(r=0.682),而 AAS 与 THE 的教学分数之间的相关性最弱,说明 RG 分数和 AAS 反映了高校科研影响力的不同方面。

表 4.22 高校 RG 分数和 THE 各指标维度之间的相关系数

THE 指标维度	Correlation coefficient	Significance (two-tailed)
Overall	0.646**	0.000
Research	0.634**	0.000
Teaching	0.682**	0.000
Citations	0.519**	0.000
Industry Income	0.08	0.575
International Outlook	0.571**	0.000

七、高校 RG 分数与其 QS 分数之间的相关性

各大学的 RG 分数与其在 QS 系统中的总体得分之间呈显著正相关(r=0.662),如表 4.23 所示。并且,RG 分数与其他所有 QS 指标分数之间均呈显著正相关,其中包括学术声誉(r=0.730)、雇主声誉(r=0.704)、国际学生数(r=0.631)、国际教师数(r=0.623)、师生比(r=0.483)和师均引用次数(r=0.451)。总体来说,高校的 RG 分数与其 QS 各指标维度分数之间的相关性要弱于 AAS,它与大学学术声誉和雇主声誉之间的相关性最强。

表 4.23 高校 RG 分数和 QS 各指标维度之间的相关系数

QS 指标维度	Correlation coefficient	Significance (two-tailed)
SCORE	0.662**	0.000
Academic Reputation	0.730**	0.000
Employer Reputation	0.704**	0.000
Faculty Student	0.483**	0.000
Citations per Faculty	0.451**	0.001
International Faculty	0.623**	0.000
International Students	0.631**	0.000

八、高校 RG 分数与其 Nature Index 分数之间的相关性

各大学的 RG 分数与其在 Nature Index 系统中的各指标维度分数，如 Share 2021(r=0.771)、Share 2022(r=0.743)和 Count 2022(r=0.775)等之间均存在显著的相关性，如表 4.24 所示。其中 Count 指标是指署名作者隶属于一所高校的所有研究论文数量，而 Share 指标则是指署名份额分数，它考虑了一所高校的作者比例以及每篇研究论文附属机构的数量。① 整体来说，高校的 RG 分数与其 Nature Index 各指标分数之间的相关性要强于 AAS。

表 4.24 高校 RG 分数和 Nature Index 各指标维度之间的相关系数

Nature 指标维度	Correlation coefficient	Significance (two-tailed)
Share 2021	0.771**	0.000
Share 2022	0.743**	0.000
Count 2022	0.775**	0.000

注：Share 2022 和 Count 2022 数据实际为 2021 年 1 月 1 日至 2021 年 12 月 31 日数据。

---

① Nature. A brief guide to the Nature Index [EB/OL]. [2022-10-08]. https://www.nature.com/nature-index/brief-guide.

九、高校 RG 分数与其 Leiden 分数之间的相关性

各大学的 RG 分数与其在 Leiden 系统中的所有指标维度分数，P(r=0.651)、P(top 50%)(r=0.737)、PP(top 50%)(r=0.558)、P(top 10%)(r=0.895)、PP(top 10%)(r=0.483)、P(top 5%)(r=0.912)、PP(top 5%)(r=0.487)、P(top 1%)(r=0.879)和 PP(top 1%)(r=0.480)之间均存在显著的相关性，如表 4.25 所示。总体来说，RG 分数与完全计数 P 之间的相关性要更强。完全计数 P 在不同高校合作出版时不考虑权重差异，所有高校共享总分，因此实际上无法准确反映一篇论文的学术影响力在合作研究机构中的合理分配[①]。

表 4.25 高校 RG 分数和 Leiden 各指标维度之间的相关系数

Leiden 指标维度	Correlation coefficient	Significance (two-tailed)
P	0.651**	0.000
P(top 50%)	0.737**	0.000
PP(top 50%)	0.558**	0.000
P(top 10%)	0.895**	0.000
PP(top 10%)	0.483**	0.000
P(top 5%)	0.912**	0.000
PP(top 5%)	0.487**	0.000
P(top 1%)	0.879**	0.000
PP(top 1%)	0.480**	0.000

---

① Center for Science and Technology Studies (CWTS). Indicators [EB/OL]. [2020-08-01]. https://www.leidenranking.com/information/indicators.

第四节 基于 ResearchGate 的高校科研影响力计量评价指标体系

一、指标体系设计及检验

本研究的重要研究目标之一是构建基于学术社交网络的高校科研影响力计量评价指标体系。综上所述，高校层级的 ResearchGate 指标包括机构整体指标、最受欢迎用户指标、顶级用户指标和顶级出版物指标四大类，共计 31 个 ResearchGate 数据指标。这些指标不能够直接作为评价指标体系，还需要从中提取出若干综合性指标作为构建基于学术社交网络的高校科研影响力计量评价指标体系的基础。而且，各数据指标使用的数据标准不一致，使得它们相互之间存在较大的偏差而无法比较。因此，我们需要对原始数据进行一定的标准化预处理：首先，对每个指标进行 K 均值（K-Means）聚类分析，将各指标数据按得分情况分为五种类别；其次，按得分高低将五种类别的指标得分分别赋值为 5、4、3、2 和 1，对各指标数据进行李克特量表式处理，为后续进一步进行因子分析提供数据基础。

研究团队对经过标准化处理的 31 个高校 ResearchGate 指标数据进行主成分因子分析，选择相关矩阵分析方法，将提取公因子数目设置为 5，因子旋转方法选择最大方差（Varmax）旋转法（具有 Kaiser 标准化的正交旋转法）。KMO（Kaiser-Meyer-Olkin）值和 Bartlett 球形度检验对应 p 值分别为 $0.692(>0.6)$ 和 $0.000(<0.05)$，说明样本高校的 ResearchGate 指标数据适合进行因子分析。因子分析过程中，TOP 用户的 RG 分数、回答提问数、关注他人数和提问数，顶级出版物的阅读量和评论数，POP 用户的关注者人数等指标对应到机构整体指标上，应该删除；POP 用户的阅读量指标因对应到顶级用户指标而删除，最后剩下 22 个指标，再次进行主成分因子分析，结果如表 4.26 所示。

KMO 值为 0.755，Bartlett 球形度检验（BTS value＝1 223.277，p＜0.001）显著，表明因子间的相关性不为零。而且，每个公共因子的内部一致性系数（Cronbach's alphas）均在 0.70 以上（如表 4.27 所示），表明可以接受。其中，TOP 用户的关注者人数和阅读量以及 POP 用户的阅读量三个指标同时分属于两个主成分，取因子载荷系数高的因子归属。根据五个公共因子对应的数据指标内容，分别将它们命名为"机构顶级用户指标""机构整体指标""机构最受欢迎用户研究指标""机构最受欢迎用户社交指标"和"机构顶级出版物指标"。

表 4.26 主成分的特征值和贡献率

成份	初始特征值方差			旋转平方和载入方差		
	特征值	方差贡献率 %	累积贡献率 %	特征值	方差贡献率 %	累积贡献率 %
1	8.859	40.27	40.27	4.666	21.209	21.209
2	3.072	13.961	54.231	3.585	16.295	37.504
3	1.88	8.545	62.776	3.309	15.043	52.547
4	1.669	7.585	70.361	2.617	11.896	64.443
5	1.267	5.759	76.12	2.569	11.677	76.12
6	1.163	5.288	81.408			
7	0.795	3.615	85.023			
8	0.685	3.114	88.138			
9	0.551	2.506	90.643			
10	0.523	2.379	93.022			
11	0.382	1.736	94.758			
12	0.282	1.283	96.041			
13	0.185	0.842	96.883			
14	0.141	0.639	97.522			
15	0.125	0.568	98.09			
16	0.111	0.504	98.594			

第四章　学术社交网络成为学术交流的新途径

续表

成份	特征值	初始特征值方差		特征值	旋转平方和载入方差	
		方差贡献率%	累积贡献率%		方差贡献率%	累积贡献率%
17	0.093	0.423	99.017			
18	0.086	0.393	99.41			
19	0.048	0.22	99.63			
20	0.04	0.183	99.813			
21	0.027	0.125	99.938			
22	0.014	0.062	100			

表4.27　探索性因子分析结果（仅显示因子载荷大于0.51的指标）及信度系数

		成份					alpha
		1	2	3	4	5	
机构顶级用户指标（按用户RG Score高低排名）	TOP Interest	0.863					0.903
	TOP Citations	0.858					
	TOP Recommendations	0.713					
	TOP Reads	0.71					
	TOP Researchitems	0.68					
	TOP Followers	0.666	0.546				
机构整体指标	RG Members		0.895				0.954
	RG Score		0.815				
	Reads Publications		0.755				
	RG Publications		0.704				
机构最受欢迎用户（Popular members）研究指标	POP Researchitems			0.804			0.883
	POP RG			0.764			
	POP Citations			0.762			
	POP Interest			0.75			

续表

		成份					alpha
		1	2	3	4	5	
机构最受欢迎用户（Popular members）社交指标	POP Questions				0.749		0.719
	POP Recommendations				0.745		
	POP Answers				0.725		
	POP Projects				0.611		
	POP Following				0.587		
机构顶级出版物指标（按阅读次数排名）	Research Interest Score				0.899		0.724
	Citations				0.867		
	Recommendations				0.524		

表4.26和表4.27数据显示，五因子结构适合22个ResearchGate数据指标，符合高校ResearchGate的指标框架，解释了76.12%的方差，而且只有一个交叉载荷指标（TOP用户关注者数量）。因此，五因子解决方案是对样本高校ResearchGate数据指标的合理解释，可以作为评估国内外一流大学基于学术社交网络的科研影响力的有效而可靠的指标体系，有助于改进基于传统文献计量学的高校科研影响力的计量评价标准和方法。

二、基于学术社交网络的高校科研影响力评价

研究团队在探索性因子分析的基础上，以每个因子对应方差的相对贡献率作为权重提出基于学术社交网络的高校科研影响力综合评价模型：

$$F=(21.21*F1+16.30*F2+15.04*F3+11.90*F4+11.68*F5)/76.12。$$

通过对上述五因子模型的各主成分和综合评价得分进行排名，结

果如表 4.28 所示。对机构顶级用户指标(F1)进行排名,排名前十的高校分别为哈佛大学、加州理工学院、耶鲁大学、加州大学圣地亚哥分校、清华大学、宾夕法尼亚大学、普林斯顿大学、哥伦比亚大学、芝加哥大学和麻省理工学院,其中中国清华大学排第 5 名。对机构整体指标(F2)进行排名,排名前十的高校分别为伦敦大学学院、加州大学洛杉矶分校、牛津大学、浙江大学、哥伦比亚大学、加州大学伯克利分校、复旦大学、西安交通大学、宾夕法尼亚大学和斯坦福大学,其中中国有浙江大学、复旦大学和西安交通大学三所高校排名进入前十。对机构最受欢迎用户研究指标(F3)进行排名,排名前十的高校分别为牛津大学、加州理工学院、斯坦福大学、普林斯顿大学、约翰斯·霍普金斯大学、清华大学、中国科学技术大学、华盛顿大学西雅图分校、复旦大学和耶鲁大学,其中中国有清华大学、中国科学技术大学和复旦大学三所大学排名进入前十。对机构最受欢迎用户社交指标(F4)进行排名,西安交通大学、复旦大学、哈佛大学、厦门大学、四川大学、加州理工学院、东南大学、西北工业大学、浙江大学和武汉大学等十所大学排名进入前十,其中中国大学八所。对机构顶级出版物指标(F5)进行排名,排名前十的高校分别为华盛顿大学西雅图分校、哈尔滨工业大学、麻省理工学院、芝加哥大学、斯坦福大学、普林斯顿大学、加州大学伯克利分校、哈佛大学、中国农业大学和武汉大学,其中中国有哈尔滨工业大学、中国农业大学和武汉大学三所高校排名进入前十。对五因子模型综合评价得分进行排名,前十的高校分别为哈佛大学、加州理工学院、牛津大学、华盛顿大学西雅图分校、剑桥大学、斯坦福大学、伦敦大学学院、普林斯顿大学、清华大学和复旦大学,其中中国有清华大学和复旦大学两所高校排名进入前十。

表 4.28 基于学术社交网络的高校科研影响力的主成分和综合评价得分及排名情况

大学	F1	F2	F3	F4	F5	综合评价	排名
哈佛大学	3.459	−0.694	−1.433	2.093	1.251	1.051	1
加州理工学院	2.449	−1.96	2.501	1.68	−0.745	0.905	2

续表

大学	F1	F2	F3	F4	F5	综合评价	排名
牛津大学	−0.802	1.639	3.626	0.014	0.256	0.886	3
华盛顿大学－西雅图	−0.197	0.848	1.096	0.086	3.213	0.85	4
剑桥大学	0.862	1.026	0.109	0.591	0.635	0.671	5
斯坦福大学	−0.429	1.041	2.246	−1.057	1.679	0.639	6
伦敦大学学院	0.496	2.153	0.039	0.415	−0.326	0.622	7
普林斯顿大学	1.344	−2.335	2.099	0.482	1.585	0.608	8
清华大学	1.432	0.524	1.14	0.319	−1.201	0.602	9
复旦大学	−1.801	1.294	0.883	2.861	0.53	0.478	10
耶鲁大学	1.603	0.075	0.777	−0.13	−0.86	0.464	11
加州大学－洛杉矶	0.642	2.016	−0.084	−0.775	−0.497	0.396	12
加州大学－伯克利	0.589	1.444	−0.697	−1.002	1.3	0.378	13
约翰斯·霍普金斯大学	0.624	0.696	1.406	−0.565	−1.069	0.348	14
麻省理工学院	1.036	0.003	−0.843	−1.003	1.923	0.261	15
加州大学－圣地亚哥	1.519	0.596	−0.311	−0.622	−0.9	0.254	16
西安交通大学	−1.122	1.204	−0.658	3.02	−0.53	0.206	17
芝加哥大学	1.05	−0.416	−0.702	−0.949	1.71	0.179	18
宾夕法尼亚大学	1.419	1.083	−1.56	−0.722	−0.254	0.167	19
北京大学	0.525	0.497	−0.425	−0.101	0.035	0.158	20
加州大学－旧金山	0.698	0.574	−0.145	−0.537	−0.375	0.147	21
哈尔滨工业大学	−0.6	−0.563	−0.587	0.366	3.138	0.135	22
上海交通大学	0.214	0.969	−0.4	−1.18	0.765	0.121	23
浙江大学	−0.999	1.579	0.309	0.91	−0.949	0.117	24

续表

大学	F1	F2	F3	F4	F5	综合评价	排名
哥伦比亚大学	1.135	1.475	−1.499	−0.057	−1.382	0.115	25
华中科技大学	0.259	−0.533	0.648	0.237	−0.368	0.067	26
中国科学技术大学	0.232	0.27	1.097	−0.824	−1.114	0.04	27
四川大学	−1.15	0.239	0.079	1.717	−0.494	−0.061	28
东南大学	0.251	−0.515	−0.919	1.514	−0.582	−0.074	29
康奈尔大学	−0.966	1.006	0.054	−1.024	0.542	−0.12	30
武汉大学	−0.721	0.656	−1.553	0.714	0.862	−0.124	31
厦门大学	−0.561	−0.239	−0.909	1.763	−0.141	−0.133	32
南京大学	0.457	−0.299	0.018	−0.996	−0.894	−0.226	33
中山大学	−0.262	0.361	−1.023	−0.368	0.043	−0.249	34
吉林大学	−0.068	−0.442	0.383	−0.474	−0.899	−0.25	35
中国农业大学	−0.892	−0.758	−0.394	0.66	0.864	−0.253	36
天津大学	−0.082	−0.231	−0.312	−0.316	−0.701	−0.291	37
重庆大学	−0.121	−1.507	−0.155	0.701	−0.133	−0.298	38
西北工业大学	−0.715	−0.82	−0.656	1.02	0.081	−0.333	39
山东大学	−0.393	−0.403	−0.471	0.235	−0.606	−0.345	40
同济大学	−0.768	−0.134	−0.341	0	−0.417	−0.374	41
中南大学	−0.451	−0.171	−0.087	−0.841	−0.545	−0.395	42
电子科技大学	−0.647	−1.1	0.225	0.001	−0.214	−0.404	43
北京师范大学	−0.271	−0.163	−0.548	−0.802	−0.518	−0.423	44
大连理工大学	−0.501	−0.347	−0.081	−0.449	−0.817	−0.425	45
南开大学	−0.586	−0.786	0.592	−0.397	−0.977	−0.427	46
北京航空航天大学	−0.964	−0.247	−0.1	−0.391	−0.387	−0.462	47
华南理工大学	−0.502	−0.821	−0.279	−0.31	−0.321	−0.469	48

续表

大学	F1	F2	F3	F4	F5	综合评价	排名
巴黎—萨克雷大学	−0.499	−1.276	−0.11	−0.081	−0.335	−0.498	49
北京理工大学	−0.437	−0.979	−0.603	−0.349	−0.153	−0.529	50
华东师范大学	−0.068	−0.963	−1.046	−0.192	−0.464	−0.533	51
国防科技大学	−0.734	−1.023	−0.029	−0.791	−0.389	−0.612	52
兰州大学	−1.187	−0.754	−0.186	−1.128	0.596	−0.614	53
中国人民大学	−0.762	−0.902	−0.343	−0.856	−0.26	−0.647	54
中央民族大学	−1.071	−0.961	0.319	−1.02	−0.305	−0.647	55
中国海洋大学	−0.965	−0.927	−0.154	−1.087	0.118	−0.65	56

三、ResearchGate综合评价得分与大学排名系统得分之间的相关性

各样本高校的ResearchGate综合评价得分与它们的Altmetric关注度分数(AAS)及其在ARWU、Leiden、THE、QS和Nature Index等排名系统中的得分之间的相关系数如表4.29所示。可见,国内外一流大学的ResearchGate综合评价得分与其AAS及其在各大学排名系统中的得分之间均存在显著的相关性,其中与ARWU分数之间的相关系数最高,达到0.843。这说明高校的ResearchGate综合评价指标具有替代文献计量学的潜力和价值,它和主流大学排名系统评价指标之间具有一致性,同时也说明通过因子分析得到的基于学术社交网络的高校科研影响力综合评价指标具有一定的准则效度。

表4.29 高校ResearchGate综合评价得分和排名系统表现分数之间的相关系数

指标维度	Correlation coefficient	Significance (two-tailed)
Altmetric Score	0.769**	0.000
ARWU Score	0.843**	0.000

续表

指标维度	Correlation coefficient	Significance (two-tailed)
LeidenPPtop10	0.672**	0.000
THE Overall	0.798**	0.000
QS SCORE	0.794**	0.000
Nature Share 2022	0.692**	0.000

第五节 结 论

传统大学排名系统由于使用的数据源陈旧、过于注重和依赖获奖、大学规模以及存在透明度和聚合方法等方面的问题而受到一些批判[1]。当前,教育和研究系统都在不断演变,教育从传统的课堂面授延伸到在线教育,学术交流的场所也由传统的学术出版扩展至学术社交网络。因此,我们需要新的方法来评价高校科研成果的在线教育影响和学术影响。

ResearchGate 是全球应用最为广泛的学术社交网络之一,吸引了广大高校研究人员的注意,成为他们分享、推广研究成果和建立科学研究网络的重要手段。本研究利用 Python 语言编写的网络爬虫程序,对国内 36 所"双一流"建设 A 类高校和 2022 世界大学学术排名前 20 的国际高校的 ResearchGate 机构整体指标、最受欢迎用户指标、顶级用户指标和顶级出版物指标等方面的数据进行挖掘,并在此基础上进行数据统计分析。

研究发现,高校机构层级的四个 ResearchGate 整体指标(RG 分数、注册成员人数、分享出版物数和阅读次数)均与 THE、QS、ARWU、Leiden 和 Nature Index 等排名系统得分之间存在显著的相关性,说明

---

[1] Copiello S.. Research Interest: Another Undisclosed (and Redundant) Algorithm by ResearchGate [J]. Scientometrics, 2019, 120(1): 351–360.

ResearchGate 确实能够在某种程度上反映高校研究成果的学术影响。回归分析结果显示高校的 ResearchGate 指标值对其 THE、QS、ARWU、Leiden 和 Nature Index 等排名系统得分具有一定程度的影响。而且,本研究也证实了样本高校多数 ResearchGate 内部指标之间存在显著的相关性,尤其是 TOP 用户指标数据与机构整体指标数据之间呈现出较强的相关性。研究同时发现,样本高校的 RG 分数与它们在各大学排名系统中的几乎所有研究指标得分之间均存在显著的相关性,而与其他方面,比如教师获奖、产业收入等方面的相关性则较弱。这主要是因为 ResearchGate 也使用了论文产出和引用次数等大学排名系统采用的文献计量学指标。而且,学术社交网络还新增了一些其他指标,比如阅读次数、研究兴趣、推荐、提问、回答、关注和被关注等在线学术社交活动指标。这些学术社交活动指标和文献计量学指标之间存在内在联系,而且不需要一个论文出版的长周期,因而能够更灵活、更及时地反映研究成果形成的学术影响力,甚至能够预测研究成果后期的引用情况,因此可以作为高校学术影响力、大学排名得分的评价指标和预测指标。

多元线性回归分析结果表明,高校机构层级的四个 ResearchGate 整体指标,即 RG 分数、注册成员人数、分享出版物数和阅读次数中,对其在大学排名系统中得分影响最大的是它们在学术社交网络上分享的论文数量,其次是阅读次数和 RG 分数,而高校的 ResearchGate 注册成员人数对其在大学排名系统中得分的影响不显著。

因此,基于 ResearchGate 的数据指标不仅可以用于对单个研究人员学术影响的评价,也同样适用于对高校机构层级的科研影响力的评价。专业的大学排名机构能够提供更精确的排名,但大学排名需要考虑的因素包括研究、教育、商业合作、国际化等诸多领域,因此这些排名的周期往往较长,一般一年只能发布一次。学术社交网络提供的数据指标相对来说比专业排名系统更容易获得,而且提供了有关大学工作人员研究影响的最新信息,可以用于开发新的大学排名指标体系和基于学术社交网络的高校科研影响力评价方法,从而为提高大学的国际知名度、知识的整合和共同创造提供参考信息①②③④。

本研究尝试从学术社交网络的角度探讨大学排名及其学术影响评价,这有助于各高校了解他们研究成果的社会网络影响力,并制定提高这种影响力的战略举措,以提高其在学术社交网络中的地位。"双一流"建设高校应该努力寻找新的方法策略,以监测和评估其基于学术社交网络的学术影响力及其发展变化。激励成员用户在学术社交网络上创建他们的个人档案,不但可以广泛传播他们的研究成果,还可以创建可用于评价国内外一流大学研究产出及学术影响的学术社交网络指标。

本研究的主要贡献在于解决传统大学排名系统方法的局限性,基于ReaserchGate提供的指标数据,构建一套新的、快速有效的基于学术社交网络的高校科研影响力评价指标体系和方法,为将来监测、评估和发展大学研究成果新的影响力领域奠定基础。从不同指标数据之间的相关性来看,ReaserchGate指标数据较好地反映了高校的科研影响力水平,具有巨大的应用发展空间。但是,ReaserchGate指标数据同样存在缺乏透明度、计算方法不明确等问题,需要未来进行更深入的研究,探讨将其作为主流大学排名系统补充指标或工具的潜力和可行性。

本研究同时也存在一定的局限性。首先,和传统大学排名系统一样,ReaserchGate指标分数排名靠前的高校也是以大规模高校为主,因为这些高校拥有更多的ReaserchGate注册用户,他们发表并通过学术社交网络分享的论文数量比较多,因此更容易获得较高的关注度、兴

---

① Wiechetek Ł., Pastuszak Z.. Academic Social Networks Metrics: An Effective Indicator for University Performance?[J]. Scientometrics, 2022, 127(3): 1381 – 1401.
② Ali M. Y., Wolski M., Richardson J. Strategies for Using ResearchGate to Improve Institutional Research Outcomes [J]. Library Review, 2017, 66(8/9): 726 – 739.
③ Thelwall M., Kousha K.. ResearchGate Articles: Age, Discipline, Audience Size, and Impact [J]. Journal of the Association for Information Science and Technology, 2017, 68(2): 468 – 479.
④ Thelwall M., Kousha K.. ResearchGate: Disseminating, Communicating, and Measuring Scholarship?[J]. Journal of the Association for Information Science and Technology, 2015, 66(5): 876 – 889.

趣值、阅读量和引用数。ReaserchGate 指标对人均研究成果产出情况的反映不理想，因此可能需要构建新的人均指标，以反映人均研究成果产出及质量，避免过于依赖规模效应。其次，虽然 ReaserchGate 指标分数和大学学术排名系统分数之间存在显著的相关性，但是学术社交网络目前反映的仍然只是大学研究活动和国际合作中的极少数领域，对于整合、应用、教学、商业合作、适应市场需求以及许多其他领域实际上并没有充分考虑到，因而不可避免地存在一定的局限性[1]。最后，ResearchGate 指标可能带来一些人为操作的机会，即通过人为的操作提高他们社会网络活动方面的指标分数，而并不是真的说明他们的研究成果产生了学术影响，引起了学界的关注[2][3]。因此，基于学术社交网络的高校科研影响力评价方法还需要综合考虑高校研究成果在其他领域的影响数据以实现更全面的评价，同时还需要一个更明确的方法，以避免人为的操作。

本研究能够为国内"双一流"建设高校提高它们研究成果的学术影响力提供一些建议。"双一流"建设高校应该鼓励其教职人员和学生创建和维护个人的 ReaserchGate 档案，提高分享研究成果的动机，并积极参与提问、回答、推荐和关注等学术社交网络活动，以提高其研究成果的可见度和可获取性，这样有助于他们获得更高的 ReaserchGate 指标分数，进而提高研究成果的引用次数，最终达到提高大学基于学术社交网络的学术影响力的目的。

---

[1] Copiello S., Bonifaci P.. A few Remarks on ResearchGate Score and Academic Reputation [J]. Scientometrics, 2018,114(1):301-306.
[2] Copiello S., Bonifaci P.. A few Remarks on ResearchGate Score and Academic Reputation [J]. Scientometrics, 2018,114(1):301-306.
[3] Meier A., Tunger D.. Investigating the Transparency and Influenceability of Altmetrics Using the Example of the RG Score and the ResearchGate Platform [J]. Information Services & Use, 2018,38(1-2):99-110.

第五章
学术社交网络中高校科研影响力的社会网络分析

随着社交网络媒体在科学传播中的广泛应用,一些学者认为新媒体,尤其是专门的学术社交网络能够为科学影响评估提供新的途径,可以弥补基于文献计量学的传统影响力测评方法长期忽视科学影响关系动力学的局限。早期的研究更多关注研究人员和研究群体的社会网络属性及其在评价学者科研影响力和识别他们科研协作网络模式中的应用。近期的研究开始转向机构层级的基于学术社交网络数据的社会网络分析,以比较不同国家、不同研究水平的大学在学术社交网络参与程度、学术影响力及互动模式等方面的差异。实际上,大学在学术社交网络中的中心性度量不但具有评价科学影响的潜力,而且可能具有作为大学学术排名指标的潜在可能性。但是对于这些问题,现有的研究没有给出明确的回答。我们需要进一步探索大学基于学术社交网络的中心性指标数据与它们在大学排名系统的得分之间的相关性,以确定利用高校的社会网络中心性指标补充大学排名系统指标的可行性和有效性。

第一节 研 究 现 状

传统文献计量学方法长期以来因为低估社会网络对于科学影响和社会资本形成的重要性而受到质疑。一些研究表明,社会网络对于推动学科研究和为个体成员创造社会资本至关重要,但文献计量学却没有充分考虑这些新的动态[1]。学术社交网络正成为一种新的科学传播工具,并将可能产生新的科学影响评价指标[2]。Kadriu A.(2013)对东南欧大学(South East European University, SEEU)学术人员在ResearchGate社会网络结构中的协作网络进行了检测。他们使用网络爬虫方法获取用户数据,使用社会网络分析方法根据 SEEU 学者的兴趣领域创建学术协作网络,并计算、讨论了该网络中实体的四种社会网络分析中心性度量(接近、中介、度和 PageRank),并在基于相互关系的自动聚类的基础上研究了个体分组。这种社会网络分析方法表明,除了知识共享以外,对社会网络的研究能够提供有关特定研究群体的额外信息,可以为大学增加价值,因为它可以和已发表论文的主题一起促进对各自作者的分析。[3]

Hoffmann C. P. 等(2016)使用社会网络分析方法分析研究人员在学术社交网络中的互动,以生成潜在的科学影响新指标。他们以瑞士管理学学者为研究样本,分析他们在学术社交网络 ResearchGate 上互动的中心性度量与传统线下影响指标之间的关系,发现中心性度量与既定的学术资本指标之间存在一定的对应关系,但也受到平台特定的影响。在考虑学术社交网络的网络中心性对科学影响评估的贡献时,有必要对中心性度量进行区分:中介中心性一般作为跨学科的度量,没有受到平台参与度和传统学术资本指标的显著影响,因此能够用来描述一位学者的工作,但似乎并不特别适合为影响评估提供信息。入度和特征向量中心性在传统上被解释为可见性、突出性或影响力指

---

[1] Koku E., Nazer N., Wellman B.. Netting Scholars: Online and Offline [J]. American Behavioral Scientist, 2001,44(10):1752-1774.

[2] Lutz C., Hoffmann C. P., Meckel M.. Academic Social Capital? Relating Centrality on ResearchGate to Established Impact Measures [C]//Academy of Management Proceedings. Briarcliff Manor, NY 10510: Academy of Management, 2016,2016(1):16592.

[3] Kadriu A.. Discovering Value in Academic Social Networks: A Case study in ResearchGate [C]//Proceedings of the ITI 2013 35th International Conference on Information Technology Interfaces. IEEE, 2013:57-62.

标,因而可以类似地解释为影响评估。他们还发现平台参与度、资历和出版影响有助于促进成员在平台上的入度和特征向量中心性,但对接近中心性和中介中心性的影响较小,因此认为基于学术社交网络的社会网络分析方法虽然受特定平台动态的影响,但可能会增强科学影响评估的丰富性和差异性。因此,他们认为学术社交网络促进了基于在线数据的个人网络管理和分析,从中提取的网络中心性度量可能为评估研究人员在科学网络中的声望和地位提供有价值的见解,从而影响学术影响力评价。[①]

Yan W. 和 Zhang Y. (2018)收集了61所美国研究型大学的ResearchGate用户数据,在卡耐基高等教育机构分类(Carnegie Classification of Insti-tutions of Higher Education)的基础上,对机构差异对ResearchGate声誉指标的影响进行了研究,发现高研究活动水平高校用户的RG分数、个人档案浏览数、关注者数量往往更高,但他们的出版物的平均阅读量和关注数量往往更低且呈现波动趋势。而且,ResearchGate用户更倾向于关注来自高研究活动水平高校的用户,形成了以知名机构为中心的虚拟社交网络。他们的研究表明,学术社交网络可以作为评估研究机构之间研究活动的指标,这类网站对高校及其研究人员获取资源、了解最新前沿研究信息和提高学术影响力方面是有帮助的。[②]

Baaqeel H. M. 等(2020)认为,所有的学科都是相互联系的,因此跨学科研究非常重要,它涉及将两个或两个以上的学科合并为一个活动。他们通过对无向社会网络的统计网络分析,探讨阿卜杜勒·阿齐兹国王大学在ResearchGate中各部门之间的跨学科研究与网络的关系,发现化学系在ResearchGate中拥有最高的入度和特征向量中心性。在顶点中心性方面,电气与计算机工程系的接近中心性和中介中心性最高;

[①] Hoffmann C. P., Lutz C., Meckel M.. A Relational Altmetric? Network Centrality on ResearchGate as an Indicator of Scientific Impact [J]. Journal of the Association for Information Science and Technology, 2016,67(4):765 – 775.

[②] Yan W., Zhang Y.. Research Universities on the ResearchGate Social Networking Site: An Examination of Institutional Differences, Research Activity Level, and Social Networks Formed [J]. Journal of Informetrics, 2018,12(1):385 – 400.

连接最多的两个系是计算机系和物理系。通过社区检测,他们发现其中存在 7 个社区。这些研究发现有助于识别沙特教育部门之间的研究网络,促进不同大学之间的协作研究。[1] Heydari 和 Teimourpour(2020)认为学术社交网络数据中隐含了学者间的科研协作网络模式,因此尝试以伊朗研究机构在 ResearchGate 中的活动数据为基础,使用 NetworkX 图形库和 Gephi 可视化软件进行社会网络分析,创建、分析和可视化伊朗研究机构的协作网络,发现了网络中的隐藏社区,从而识别其中科学机构的研究潜力,并明确相互的科学领域,为设计、开发和测试一个有效的战略计划,保持科学机构稳健进步提供建议。[2]

Yan W. 和 Zhang Y.(2021)从三个研究活动水平对中美研究型大学的 ResearchGate 用户进行了调查,并对国内外高校用户的参与程度、学术影响力及互动三个方面的差异进行了比较研究。第一,他们发现中国顶尖大学基于参与的指标与美国研究型大学的平均水平相当,但落后于美国最顶尖的研究型大学(R1)。这可能是因为国内用户主要使用 ResearchGate 这种非本土的学术社交网络进行国际学术交流和英语研究成果的展示,ResearchGate 活动只是他们研究活动的一部分。因此,国内用户在 ResearchGate 中的归属感和使用意愿方面均要低于英语国家的高校用户[3][4][5]。第二,在学术影响力方面,中国高校用户在

---

[1] Baaqeel H. M., Aloufi S. F., Elyas T.. Exploring Interdisciplinary Relationships Among King Abdulaziz University Departments via ResearchGate: Network Analysis and Visualizations [J]. Journal of Management and Strategy, 2020,11(3):55 – 66.

[2] Heydari M., Teimourpour B.. Analysis of ResearchGate, A Community Detection Approach [C]//2020 6th International Conference on Web Research (ICWR). IEEE, 2020:319 – 324.

[3] Yan W., Zhang Y.. Participation, Academic Influences and Interactions: A Comparison of Chinese and US Research Universities on ResearchGate [J]. The Canadian Journal of Information and Library Science/La Revue canadienne des sciences de l'information et de bibliothéconomie, 2021,44(2 – 3):31 – 49.

[4] Yuan C. W. T., Fussell S. R.. A Tale of Two Sites: Dual Social Network Site Use and Social Network Development [J]. Computers in Human Behavior, 2017,74:83 – 91.

[5] Liu Q., Shao Z., Fan W.. The Impact of Users' Sense of Belonging on Social Media Habit Formation: Empirical Evidence from Social Networking and Microblogging Websites in China [J]. International Journal of Information Management, 2018,43:209 – 223.

平均出版数量、篇均阅读量和引用数等方面和美国顶尖大学相比仍存在差距,即中国大学在ResearchGate中体现的学术影响力有限。但是,这并不能反映中国学者的全部学术贡献,因为很多中文出版物并没有在ResearchGate中分享。我们对学术影响的解释应该将其置于全球学术交流的背景下,国内高校如果要提高论文的学术影响力,应该将更多的精力放在论文的质量而不是数量上,而且需要加强国际合作,鼓励高校用户参与ResearchGate的学术交流与分享活动,缩小中美大学在国际学术社交网络中学术影响力的差距。[①] 第三,从关注和被关注的互动视角来看,中美两国高校用户大多关注同一所大学的用户,表明两国高校用户主要在他们的线下社区内进行互动,例如与机构同事进行互动。中国用户关注美国用户的频率要高于美国用户关注中国用户的频率。而且,国际互动主要发生在两个国家的顶尖大学之间,但中国关注者与美国关注者之间不成比例。层次越高的美国大学,关注者的数量越多,而且更倾向于与其他国家用户互动。研究活动水平较高的美国大学拥有良好的社交网络,他们实现了完全的自我连接;中国高校也由于他们良好的关注行为几乎实现了完全的自我连接。因此,两个国家顶尖大学研究人员之间的互动在学术社交网络中发挥了主要的作用。同时,他们的研究还发现,研究活动水平较低的高校的互动网络比较松散,说明这些高校的用户在学术社交网络活动中不是那么活跃。[②]

[①] Yan W., Zhang Y.. Participation, Academic Influences and Interactions: A Comparison of Chinese and US Research Universities on ResearchGate [J]. The Canadian Journal of Information and Library Science/La Revue canadienne des sciences de l'information et de bibliothéconomie, 2021, 44(2-3):31-49.
[②] Ibid.

第二节 研究方法

一、研究问题

ResearchGate 不但能够为高校科研影响力的评估提供新的指标，而且可以提供一种新的思路方法，即需要强调科学研究传播的社会网络属性以及学术资本积累对科学影响力发展的重要性。网络链接和作者合作网络分析等社会网络分析方法可以弥补传统科研影响评价方法在关系动力学方面的不足。学术社交网络比较重视科研互动和影响的关系维度，其社会网络分析可以揭示一个成员在网络中的中心性，这可以作为学者声望和影响力的一种衡量标准。ResearchGate 提供了高校机构及其研究人员之间的关注和被关注关系，对这种关注结构的社会网络分析，有助于我们理解个体成员在学术社交网络中的声望和地位[1]。而且，用户使用学术社交网络有助于提高他们的专业知名度和学术影响力[2]。基于 ResearchGate 统计数据的排名与学术机构的其他排名之间存在适度的相关性，表明 ResearchGate 的使用广泛反映了学术资本的传统分布[3]。

实际上，不仅是个体成员，高校机构在 ResearchGate 中同样存在阅读和被阅读的相互关系，而且它们的成员个体通过关注与被关注关系形成社会网络。高校成员在社会网络中的中心性不但反映了成员个体

---

[1] Hoffmann C. P., Lutz C., Meckel M.. A Relational Altmetric? Network Centrality on ResearchGate as An Indicator of Scientific Impact [J]. Journal of the Association for Information Science and Technology, 2016, 67(4): 765 - 775.

[2] Jeng W., He D., Jiang J.. User Participation in An Academic Social Networking Service: A Survey of Open Group Users on M Endeley [J]. Journal of the Association for Information Science and Technology, 2015, 66(5): 890 - 904.

[3] Thelwall M., Kousha K.. ResearchGate: Disseminating, Communicating, and Measuring Scholarship? [J]. Journal of the Association for information Science and technology, 2015, 66(5): 876 - 889.

在网络中的声望和影响力,而且也反映了他们隶属的高校机构在学术社交网络中的学术资本和社会影响力。本研究尝试揭示国内外一流高校在 ResearchGate 学术社交网络中的位置、声誉和影响力等指标,探讨将其作为高校科研影响力评价指标的可行性,并比较国内外一流大学之间存在的差异。具体解决以下研究问题:

研究问题 1:高校机构在学术社交网络中的网络中心性(入度、接近中心性、中介中心性和特征向量中心性等)能否作为衡量高校科学地位的指标?

研究问题 2:高校机构的学术社交网络中心性的影响因素有哪些?备选因素来自于第四章基于学术社交网络的高校科研影响力综合评价指标:

机构顶级用户指标(按用户 RG 分数高低排名):每所高校 RG 分数排名前 10 的成员用户指标,包括这些用户总的研究兴趣、引用、推荐、阅读、分享研究条目、关注者人数等 ResearchGate 指标。

机构整体指标:主要体现各高校成员用户在 ResearchGate 中的参与、分享和影响力等方面的情况,包括高校的注册成员人数、RG 分数、分享出版物数及其阅读量等 ResearchGate 机构整体指标。

机构最受欢迎用户(Popular members)研究指标:每所高校的最受欢迎成员用户的研究指标,包括这些用户分享的研究条目数、RG 分数、引用次数和研究兴趣分数等指标。

机构最受欢迎用户(Popular members)社交指标:每所高校的最受欢迎成员用户的社交指标,包括这些用户的提问数、回答数、关注数和项目数等 ResearchGate 指标。

机构顶级出版物指标(按阅读次数排名):各高校在 ResearchGate 中分享的阅读次数最高的出版物的学术影响情况,具体包括研究兴趣分数、引用次数和推荐次数等 ResearchGate 指标。

研究问题 3:一流大学机构层面的 ResearchGate 关注和被关注关系形成的社会网络结构中,国内外高校是否存在不同的科研协作网络模式和互动模式?

二、数据获取与分析方法

研究团队使用 Python 语言编写的专用爬虫程序,于 2021 年 10 月对国内 36 所"双一流"建设 A 类高校和 20 所国际一流大学 ResearchGate 机构页面提供的所有最受欢迎用户(Popular members)的互动关系(关注和被关注)数据进行了爬取。其中,国内"双一流"建设高校公开的最受欢迎用户 349 人,他们共关注他人 40 378 次,被人关注 137 890 次;国际高校公开的最受欢迎用户 191 人,共关注他人 20 625 次,被他人关注 186 919 次。被关注信息包括用户名、用户 RG 分数、用户机构、关注者、关注者 RG 分数、关注者机构,最终采集的样例数据如表 5.1 所示。关注信息包括用户名、用户 RG 分数、用户机构、被关注者、被关注者 RG 分数和被关注者机构,最终采集的样例数据如表 5.2 所示。这些关注和被关注数据体现了国内外一流大学最受欢迎用户之间的学术社交网络关系,同时也代表了这些高校通过其用户建立起来的科研社会网络。

获取的原始数据不能够直接用于社会网络分析,需要进一步将其转换为高校之间的关注与被关注关系(边)。每一位用户对他人的关注可以表示为该用户隶属的高校对被关注者隶属的高校的一次关注,而每一位用户被其他用户关注则可以表示为该用户隶属的高校被其他用户隶属的高校关注一次。国内外一流大学最受欢迎用户与其他用户之间共生成了 385 812 次关注互动关系(边),如表 5.3 所示。一条关注关系数据包括源(Source)、目标(Target)、类型(Type)和权重(Weight)等属性,分别表示一个关注的发起用户、被关注的目标用户、边类型(有向或无向)和权重。权重使用关注发起用户的 RG 分数表示,因为一般认为由 RG 分数越高的用户发起的关注体现的影响力权重越大。我们使用 Gephi 0.9.7 对所有有向网络数据进行可视化分析。

第五章 学术社交网络中高校科研影响力的社会网络分析

表 5.1 被关注信息表（部分）

NO	Profile name	RG Score	University	Followers	RG Score	Followers University
1	Shahin Asadi	38.91	Harvard University	Shima Yousefi	19.97	University of Tehran
2	Shahin Asadi	38.91	Harvard University	Fatgzim Latifi	14.86	University of Prishtina
3	Shahid Naeem	44.92	Columbia University	Jian Song	24.91	Hebei University
4	John Ioannidis	55.13	Stanford University	Lindsay M Jaacks	40.47	Harvard University
5	Pierre A Piroué	53.2	Princeton University	Stefania Villa	33.61	University of Milan
6	John Ioannidis	55.13	Stanford University	Julia H. Littell	31.38	Bryn Mawr College
7	Susan T. Fiske	45.99	Princeton University	Zane Asher Green	25.43	Preston University
8	Larry Davidson	45.35	Yale University	Anneliese de Wet	13.72	Boston University
9	Mario Herrero	45.23	Cornell University	Paul R Torgerson	46.44	University of Zurich
10	Prabhu L. Pingali	35.69	Cornell University	Nilupa Gunaratna	28.79	Purdue University

表 5.2 关注信息表（部分）

NO	Profile name	Profile RG	Profile University	Following	RG Score	Following University
1	Saskia Sassen	37.46	Columbia University	Jody Berland	14.75	York University
2	Marc Potenza	51.11	Yale University	Judson A Brewer	38.35	Brown University
3	Tom R. Tyler	44.18	Yale University	E. Allan Lind	36.15	Duke University
4	Tom R. Tyler	44.18	Yale University	Kristina Murphy	30.37	Griffith University
5	Mario Herrero	45.23	Cornell University	Avery Cohn	26.25	Tufts University
6	Mario Herrero	45.23	Cornell University	Detlef P. van Vuuren	48.19	Utrecht University
7	Mario Herrero	45.23	Cornell University	Tim Searchinger	34.73	Princeton University
8	Mario Herrero	45.23	Cornell University	Willy Verstraete	48.68	Ghent University
9	Mario Herrero	45.23	Cornell University	Alla Golub	21.17	Purdue University
10	Shahin Asadi	38.91	Harvard University	Joseph H Lee	46.59	Columbia University

表 5.3 边数据(部分)

Source	Target	Type	Weight
Harvard University	Harvard University	Directed	9 293.47
Harvard University	Stanford University	Directed	805.2
Harvard University	Princeton University	Directed	382.66
Harvard University	University of Oxford	Directed	632.04
Harvard University	Columbia University	Directed	575.14
Harvard University	University of Chicago	Directed	641.88
Harvard University	Yale University	Directed	678.01
Harvard University	Cornell University	Directed	406.8
Tsinghua University	Harvard University	Directed	220.48
Tsinghua University	Stanford University	Directed	335.8
Tsinghua University	Princeton University	Directed	771.29
Tsinghua University	University of Oxford	Directed	294.65
Tsinghua University	Columbia University	Directed	25.29
Peking University	Harvard University	Directed	258.19
Peking University	Princeton University	Directed	618.18
Peking University	University of Oxford	Directed	298.32
Peking University	Columbia University	Directed	255.3
Peking University	University of Chicago	Directed	89.08
Peking University	Stanford University	Directed	337.48
Peking University	Yale University	Directed	370.09
Peking University	Cornell University	Directed	167.06

三、社会网络指标

中心性是社会网络分析中的一个基本概念,它代表了一个用户在网络中的突出地位。网络中心性一般采用四种中心性度量:其一,度中心性(degrees centrality),以每个结点为中心,考虑其输入(入度)和输出(出度)的信息流,比如入度表示一个网络参与者在网络中的"可见性",衡量的是"行动在哪里"①;其二,接近中心性(closeness centrality)是网络中每个结点到其他结点的平均最短距离的度量,表示一个网络参与者与其他所有参与者的距离,即在网络中能够多快与他人联系或被他人联系,衡量的是一个用户通信的预期到达范围;其三,中介中心性(betweenness centrality),是一种度量结点在网络中与其他结点之间最短路径上的概率的方法,主要用于度量一个研究结点在通信中作为控制点的功能的程度,高中介中心性的作者是将其他人聚集在一起的经纪人和连接者,意味着他有能力控制大多数其他结点之间的知识流动;其四,特征向量中心性(eigenvector centrality),代表在矩阵的第一个特征向量上的投影的中心性,它主要受其相邻结点中心性的影响②。PageRank,是谷歌开发的一种计算任何网页重要性的算法,通过分析引用该网页的其他网页数量以及这些网页的 PageRank 来衡量。在本书中,我们通过不同高校成员相互关注的 PageRank 值发现特定高校的重要性:关注某一高校成员的数量;关注某一高校的成员所隶属的高校的 PageRank 值③。

度中心性是最容易掌握的,因为它是给定结点维护关系的数量,包括出度和入度。在学术社交网络中,一位高校用户关注本校或其他机构用户可以被认为是它的一个出度,而如果被其他用户关注则可以被认为是它的一个入度。从入度中心性来看,选取的 56 所国内外一流大学中,入度最高的是哈佛大学,高达 5 879 次,最低的为华南理工大学,入度为 376 次。一所大学在 ResearchGate 学术社交网络中的高入度表

---

① Wasserman S., Faust K.. Social Network Analysis: Methods and Applications [M]. Cambridge, MA: Cambridge University Press, 1994.
② Leydesdorff L.. Betweenness Centrality as An Indicator of the Interdisciplinarity of Scientific Journals [J]. Journal of the American Society for Information Science and Technology, 2007, 58(9):1303 – 1319.
③ Chan J.Y.K., Wang Z., Xie Y., et al.. Identifying Potential Managerial Personnel Using Pagerank and Social Network Analysis: The Case Study of A European IT Company [J]. Applied Sciences, 2021,11(15):6985.

明该机构的研究活动或产出的突出性和高可见性。相比之下,接近中心性得分较高的大学,表明其成员可以更快速地与其他高校成员取得联系。中介中心性(度量桥接、控制和网关保持)是集群连接的指标。因此,较高的中介中心性可能表明该成员所在网络的跨学科性和多样性[1]。特征向量中心性衡量一个结点在网络中的连接的重要性。一个用户与许多用户相连,而这些用户又与其他许多用户相连,会导致较高的特征向量中心性得分。在 ResearchGate 中,高校的特征向量中心性可以被解释为共振或有影响力的交流的度量[2]。

用户之间的关注与被关注是有向的,而且不同用户之间的关注存在权重的差异。一般而言,具有较高 RG 分数的用户代表了较高的学术影响力和研究兴趣,由于他们在网络中具有更高的入度和中心性度量,所以,他们对他人的关注对整个网络结构中心性的影响会更加显著。因此,我们使用关注者的 RG 分数作为一个关注关系的权重。

第三节 研 究 结 果

一、描述性数据分析

我们使用 Gephi 0.9.7 对 56 所国内外一流大学在 ResearchGate 学术社交网络中的关注和被关注数据进行社会网络可视化分析。由于这些机构成员用户关注的对象成员,以及关注这些机构成员的成员所隶属的机构数量非常庞大,一共生成了 39 754 个结点和 146 079 条边(去除了权重为 0 的边),图像非常复杂。为了提高社会网络分析结果的可

---

[1] Leydesdorff L.. Betweenness Centrality as An Indicator of the Interdisciplinarity of Scientific Journals [J]. Journal of the American Society for Information Science and Technology, 2007, 58(9):1303-1319.

[2] Hoffmann C. P., Lutz C., Meckel M.. A Relational Altmetric? Network Centrality on ResearchGate as An Indicator of Scientific Impact [J]. Journal of the Association for Information Science and Technology, 2016, 67(4):765-775.

视化程度,需要对其进行过滤。我们使用拓扑库的"在度的范围"进行过滤,将阈值设为82,得到56个可见结点和2773条可见边。

表5.4提供了样本高校关注和被关注社会网络结构的基本统计信息。该网络具有较高的平均聚类系数和较低的平均路径长度,显示出典型的小世界网络现象:$L \geqslant L_{random}$ 且 $\gg C_{random}$,即像规则图一样高度聚类,但同时又像随机图一样具有较小的特征路径长度。[①] 平均度为3.674,表明每所高校平均与其他3.67所高校连接;图密度为0.794,说明国内外一流大学相互之间构成一个较为密集的网络,它们之间的互动比较频繁;平均距离长度为2.951,表明样本高校相互之间建立联系的距离较短。

表5.4 样本高校的基本网络度量

度量	值
平均度	3.674
平均加权度	174.12
图密度	0.794
平均聚类系数	0.332
平均距离长度	2.951
网络直径	4

二、结点中心性分析

我们分别按入度、出度、中介中心性、接近中心性、特征向量中心性和 PageRank 五种中心性排名,分别绘制出国内外一流大学在 ResearchGate 中的关注和被关注社会网络结构,使用颜色深浅及结点大小表示结点中心性的高低:颜色越深、结点越大表示中心性越高;颜色越浅、结点越小表示中心性越低。

[①] Watts D. J., Strogatz S H. Collective Dynamics of 'Small-world' Networks [J]. Nature, 1998,393(6684):440-442.

如图 5.1 所示，入度中心性较高的大学包括牛津大学、剑桥大学、伦敦大学学院、加州大学伯克利分校、斯坦福大学和哈佛大学，它们的入度均在 4 000 以上，表明这些高校被其他高校成员关注的频率更高。而且我们也可以发现，尽管处于不同的国家，研究重点也不一样，但大多数高校学者在 ResearchGate 中是相互关联的，他们之间建立起复杂的社会网络关系。而且，高校成员之间存在机构内成员相互关注的情况，表明一部分成员倾向于关注机构内部的成员，而不是寻求建立新的外在的社会联系，即 ResearchGate 中呈现的部分社会网络关系是他们线下关系的延伸，这与 Hoffmann C. P. 等(2016)的研究发现相似[①]。

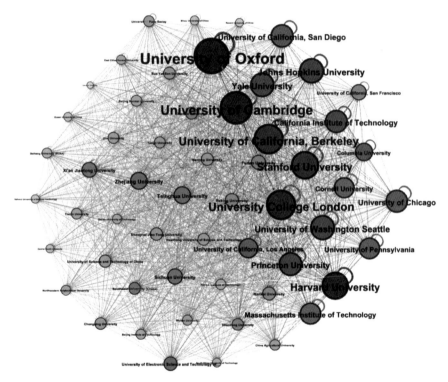

图 5.1　国内外样本高校的社会网络结构（按入度排名）

---

① Hoffmann C. P., Lutz C., Meckel M.. A Relational Altmetric? Network Centrality on ResearchGate as An Indicator of Scientific Impact [J]. Journal of the Association for Information Science and Technology, 2016, 67(4):765-775.

如图 5.2 所示,出度中心性较高的大学包括电子科技大学、哈佛大学、东南大学、哥伦比亚大学和厦门大学,它们的出度中心性均在 1000 以上,说明这些高校的注册成员用户关注其他研究机构的频率比较高。

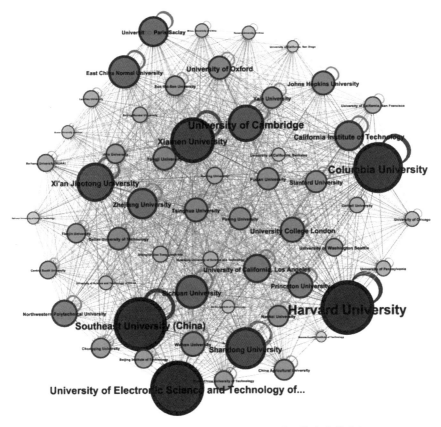

图 5.2　国内外样本高校的社会网络结构(按出度排名)

如图 5.3 所示,哈佛大学、剑桥大学、牛津大学、伦敦大学学院、东南大学、哥伦比亚大学、电子科技大学、斯坦福大学、约翰斯·霍普金斯大学、厦门大学的中介中心性排名前十,其中有三所中国"双一流"建设高校入围。图 5.3 表明这些高校在学术社交网络中处于不同高校结点之间最短路径上的概率比较高,即它们在高校的社会互动中作为

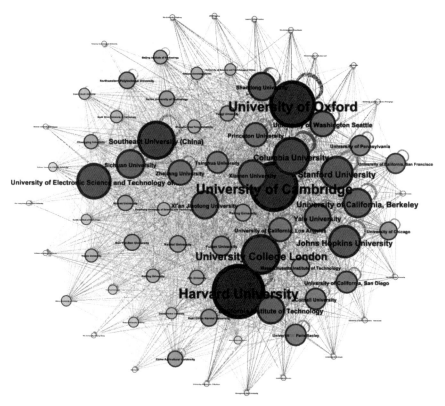

图 5.3　国内外样本高校的社会网络结构(按中介中心性排名)

控制点的功能较强,而且可以作为一种跨学科性的指标[①]。

如图 5.4 所示,国内外高校在 ResearchGate 社会网络结构中的接近中心性差异不大,最高的是东南大学,接近中心性为 0.529,有 31 所高校的接近中心性超过 0.5,其中国内高校占到 27 所,排名前 12 的均为国内高校,表明这些高校的注册成员具有较高的可达性,它们连接网络中其他高校用户之间的平均距离较短,这提供了一种关于高校结

---

① Leydesdorff L.. Betweenness Centrality as An Indicator of the Interdisciplinarity of Scientific Journals [J]. Journal of the American Society for Information Science and Technology, 2007, 58(9):1303-1319.

第五章 学术社交网络中高校科研影响力的社会网络分析

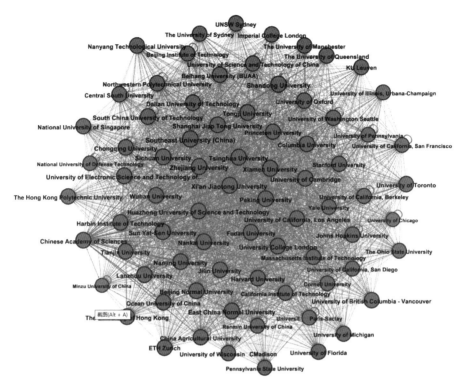

图 5.4　国内外样本高校的社会网络结构(按接近中心性排名)

点在网络中位置的全局性变量①。

如图 5.5 所示,牛津大学、剑桥大学、伦敦大学学院、加州大学伯克利分校、斯坦福大学和哈佛大学的特征向量中心性最高,均在 0.8 以上,说明这些高校拥有中心性较高的相邻高校结点,容易与比较重要的高校结点之间建立互动关系。

如图 5.6 所示,牛津大学、剑桥大学、伦敦大学学院、斯坦福大学和哈佛大学的 PageRank 值较高,均在 0.016 以上,说明这些高校拥有较多的关注者,而且这些关注者的 PageRank 值也相对较高。

---

① Leydesdorff L.. Betweenness Centrality as An Indicator of the Interdisciplinarity of Scientific Journals [J]. Journal of the American Society for Information Science and Technology, 2007, 58(9):1303-1319.

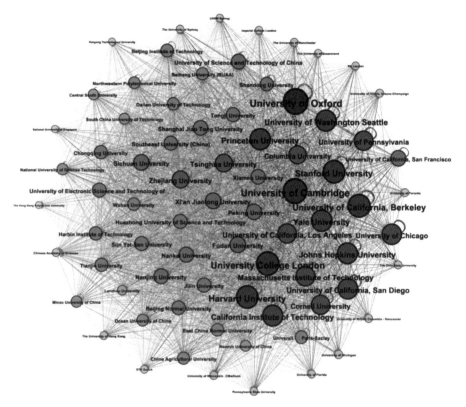

图 5.5 国内外样本高校的社会网络结构(按特征向量中心性排名)

三、社区检测

社区结构是社会网络的共同特征,我们使用 Gephi 进行基于模块化的网络社区检测,可以揭示出样本高校基于 ResearchGate 的学术社交网络中存在 7 个聚类,平均聚类系数为 0.305,结果如图 5.7 所示。从社区检测结果来看,这种分区同时体现了地域和学科的相近性:国内的四川大学和电子科技大学都位于四川成都,共同归为一类;其他国内高校主要分为两类,一类为理工科特色明显的大学,包括清华大学、西安交通大学、上海交通大学、中国科学技术大学、华中科技大学、哈尔滨工业大学、北京理工大学、西北工业大学、大连理工大学、国防科技大学和中南大学等;另一类为综合性大学,包括浙江大学、复旦大

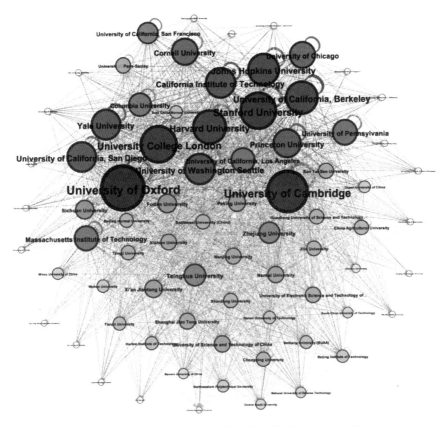

图 5.6　国内外样本高校的社会网络结构（按 PageRank 排名）

学、北京大学、南开大学、中山大学、厦门大学和同济大学等；国际知名综合性大学，包括哈佛大学、牛津大学、剑桥大学、斯坦福大学、芝加哥大学、宾夕法尼亚大学、康奈尔大学和哥伦比亚大学等聚类为一个社区；其他小型社区的分类属性则没有表现出明显的特征。这进一步表明高校成员用户在 ResearchGate 中的社会网络关系实际上受到地域及学科的影响，从某种意义而言，可以认为它是现实地理位置和学科相近性的学术交流在互联网中的一种映射，这也和一些已有的研究结论类似[①]。

---

① Heydari M., Teimourpour B.. Analysis of ResearchGate, A Community Detection Approach [C]//2020 6th International Conference on Web Research (ICWR). IEEE, 2020:319-324.

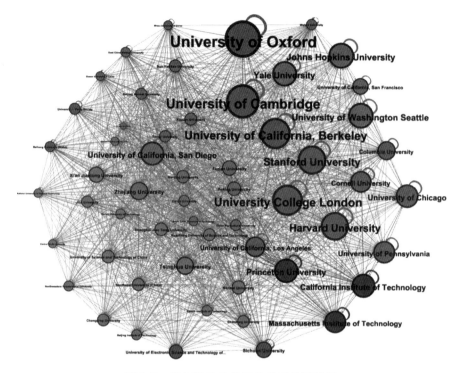

图 5.7　基于模块化的网络社区检测结果

四、国内外比较

国内外一流大学在 ResearchGate 中的关注和被关注社会网络结构（按度和中介中心性排名）分别如图 5.8 和图 5.9 所示。图中使用结点大小表示结点度中心性的高低：结点越大表示结点的度中心性越高，结点越小表示度中心性越低；使用颜色深浅表示结点中介中心性的高低：颜色越深表示结点的中介中心性越高，颜色越浅表示中介中心性越低。

国内外一流大学基于 ResearchGate 的社会网络属性比较结果如表 5.5 所示。国际一流大学的图密度（Density＝1.026）要高于国内"双一流"建设高校（Density＝0.976），说明国际一流大学表现出完全

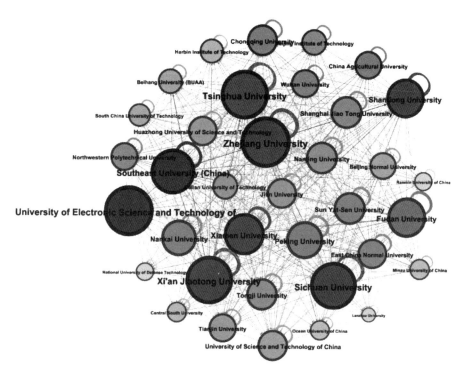

图 5.8 国内样本高校的社会网络结构(按度和中介中心性排名)

的自我连接,而国内"双一流"建设高校的自我连接程度要略低于国际高校。除此之外,国内"双一流"建设高校的平均度、平均加权度和平均聚类系数要略高于国际一流大学,表现出更强的交互性和集中性的研究活动水平。国际高校的平均距离长度略低于国内高校,表明国际高校之间建立互动关系要更为便捷。但实际上,如果合并计算,会发现国际一流大学的度、入度和出度等中心性指标均要高于国内"双一流"建设高校。这说明国内高校对国际高校的关注频率高于国际高校对国内高校的关注频率,他们给国际高校贡献了更多的入度,因而单独计算时会导致国际高校平均度降低的幅度大于国内高校。

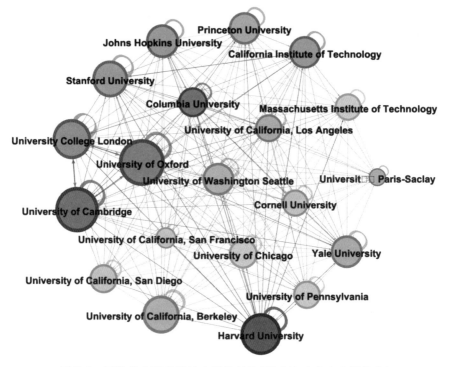

图 5.9 国外样本高校的社会网络结构（按度和中介中心性排名）

表 5.5 国内外一流大学的社会网络属性比较结果

度量	平均度	平均加权度	图密度	平均聚类系数	平均距离长度	网络直径
国内"双一流"建设高校	3.538	194.305	0.976	0.354	2.864	4
国际一流高校	2.784	115.034	1.026	0.341	2.822	4

以国际、国内为分组变量，对国内外一流大学的社会网络指标进行两独立样本 T 检验，结果如表 5.6 和表 5.7 所示。从表 5.6 可知，除加权出度和接近中心性两个指标国内高校高于国际高校，其他 8 个社会网络指标都是国际高校高于国内高校。从表 5.7 可以看出，出度（outdegree）、加权出度（weightedoutdegree）、接近中心性（closnesscentrality）、中介中心性（betweenesscentrality）和特征向量中心性（eigencentrality）五个指标的 F 统计量的观察值均小于 4.5，且对应的概率 p 值均大于

0.05,可以认为国内外一流大学的这五个指标数据的方差不存在显著差异,因此应该从假设方差相等那一行读取对应的 t 值,分别为 0.820、0.701、0.001、0.000 和 0.000。可见,接近中心性、中介中心性和特征向量中心性对应的双尾概率 p 值均小于 0.05,即 p<a,与原假设不一致,可以认为国内外一流大学在三个中心性指标之间存在统计学上显著的差异,而在出度和加权出度两个指标方面不存在显著的差异。

表 5.6　国内外一流大学社会网络指标的描述性统计

	国内/国外	N	均值	标准差	均值的标准误
indegree	国内	36	1 327.560	473.451	78.908
	国外	20	3 652.050	1 081.136	241.749
outdegree	国内	36	493.830	278.062	46.344
	国外	20	512.050	298.824	66.819
degree	国内	36	1 821.390	642.267	107.044
	国外	20	4 164.100	1 131.592	253.032
weightedindegree	国内	36	66 392.624	26 527.153	4 421.192
	国外	20	134 146.768	53 504.900	11 964.059
weightedoutdegree	国内	36	58 169.126	29 073.632	4 845.605
	国外	20	54 944.979	31 424.987	7 026.841
weighteddegree	国内	36	124 561.749	48 938.653	8 156.442
	国外	20	189 091.748	71 352.598	15 954.926
closnesscentrality	国内	36	0.500	0.019	0.003
	国外	20	0.482	0.018	0.004
betweenesscentrality	国内	36	9 530 992.772	5 804 040.461	967 340.077
	国外	20	19 155 419.200	8 042 903.587	1 798 447.916
pageranks	国内	36	0.005	0.002	0.000
	国外	20	0.014	0.004	0.001
eigencentrality	国内	36	0.426	0.091	0.015
	国外	20	0.765	0.139	0.031

表 5.7　国内外一流大学社会网络指标两独立样本的 T 检验结果

		方差方程的 Levene 检验		均值方程的 t 检验		
		F	Sig.	t	df	Sig.（双侧）
indegree	假设方差相等	10.184	0.002	−11.172	54	0.000
	假设方差不相等			−9.141	23.122	0.000
outdegree	假设方差相等	0.056	0.814	−0.229	54	0.820
	假设方差不相等			−0.224	37.025	0.824
degree	假设方差相等	5.314	0.025	−9.914	54	0.000
	假设方差不相等			−8.527	25.958	0.000
weightedindegree	假设方差相等	12.277	0.001	−6.351	54	0.000
	假设方差不相等			−5.312	24.298	0.000
weightedoutdegree	假设方差相等	0.359	0.552	0.386	54	0.701
	假设方差不相等			0.378	36.844	0.708
weighteddegree	假设方差相等	4.757	0.034	−4.002	54	0.000
	假设方差不相等			−3.601	29.148	0.001
closnesscentrality	假设方差相等	0.116	0.735	3.471	54	0.001
	假设方差不相等			3.55	42.052	0.001
betweenesscentrality	假设方差相等	3.155	0.081	−5.168	54	0.000
	假设方差不相等			−4.713	30.211	0.000
pageranks	假设方差相等	11.547	0.001	−11.577	54	0.000
	假设方差不相等			−9.467	23.097	0.000
eigencentrality	假设方差相等	1.454	0.233	−11.03	54	0.000
	假设方差不相等			−9.803	28.194	0.000

入度（indegree）、度（degree）、加权入度（weightedindegree）、加权度（weighteddegree）和 Pageranks 五个指标的 F 统计量的观察值均大于 4.5，且对应的概率 p 值均小于 0.05，可以认为国内外一流大学的这五个社会网络指标数据的方差存在显著差异，因此应该从假设方差不相等那一行读取对应的 t 值，分别为 0.000、0.000、0.000、0.001 和 0.000，即对应的双尾概率 p 值均小于 0.05，即 $p<a$，与原假设不一致，

可以认为国内外一流大学在入度、度、加权入度、加权度和Pageranks五个指标之间存在统计学上显著的差异。

五、相关分析

为了更深入地观察国内外一流大学的ResearchGate指标与其社会网络指标之间的相关性,我们对二者进行了斯皮尔曼相关分析(Spearman correlation),结果如表5.8所示。我们发现,高校在社会网络中的入度、度、加权入度、加权度、中介中心性、Pageranks和特征向量中心性等中心性指标均和它们在ResearchGate中的四个机构整体指标之间存在显著的相关性,表明高校基于学术社交网络的学术影响力和它们基于社会网络的交流活动密切相关。出度、加权出度和接近中心性则与高校的ResearchGate机构指标之间不存在显著的相关性,说明高校的学术影响力与隶属该高校的注册成员的被关注度更加相关,而与他们主动去关注他人的频率之间不存在显著的相关性。接近中心性考虑的是整体的可接近性、通达性等网络属性,而中介中心性更多体现的是一种学科交流网络位置的关键性。因此,一所大学在学术社交网络中的学术影响力更倾向于与其在学科交流网络中位置的关键性之间密切相关。

表5.8 国内外一流大学的ResearchGate指标与其社会网络指标之间的相关性

	RG Score	RG Members	RG Publications	Reads Publications
indegree	0.515**	0.328*	0.656**	0.642**
outdegree	0.08	0.149	0.083	0.107
degree	0.527**	0.370**	0.665**	0.653**
weighted indegree	0.459**	0.327*	0.581**	0.579**
weighted outdegree	0.047	0.151	0.032	0.059
weighted degree	0.352**	0.306*	0.428**	0.441**
closnesscentrality	−0.15	0.051	−0.261	−0.184
betweenesscentrality	0.472**	0.388**	0.549**	0.559**
pageranks	0.497**	0.311*	0.641**	0.624**
eigencentrality	0.485**	0.307*	0.634**	0.620**

而且，为了揭示样本高校在社会网络结构中的中心性指标与其在大学排名系统得分之间的相关性，我们还对它们进行了斯皮尔曼相关分析(Spearman correlation)，结果如表 5.9 所示。我们发现高校在 ResearchGate 网络中的入度、度、加权入度、中介中心性、Pageranks 和特征向量中心性等中心性指标与其 Leiden、THE、QS、Nature Index 和 ARWU 等大学排名系统得分及 Altmetric 分数之间均存在显著的相关性；加权度和接近中心性与 Nature Index 得分之间不存在显著的相关性，但和其他系统得分之间存在显著的相关性。因此，高校在 ResearchGate 中通过用户之间的关注和被关注关系形成的社会网络结构的中心性指标，可能具有作为衡量高校机构科研影响力指标的潜在价值。

表5.9 国内外一流大学的 ResearchGate 社会网络指标与其大学排名系统得分之间的相关性

	Altmetric_Score	Leiden	THE-Overall	QSS-CORE	Nature-Share2022	ARWU-Score
indegree	0.697**	0.647**	0.675**	0.732**	0.369**	0.707**
degree	0.715**	0.649**	0.694**	0.748**	0.396**	0.714**
weighted indegree	0.600**	0.500**	0.652**	0.657**	0.301*	0.621**
weighted degree	0.444**	0.324*	0.461**	0.475**	0.197	0.462**
closnesscentrality	−0.363**	−0.318*	−0.235	−.308*	−0.151	−.312*
betweenesscentrality	0.572**	0.479**	.508**	0.652**	0.322*	0.552**
pageranks	0.698**	0.647**	0.685**	0.739**	0.355**	0.717**
eigencentrality	0.670**	0.641**	0.681**	0.724**	0.352**	0.684**

六、高校中心性指标的影响因素

为了揭示高校基于 ResearchGate 的五个公共因子指标对其中心性指标的影响，我们将第四章通过因子分析得到的五个公共因子：机构顶级用户指标、机构整体指标、机构最受欢迎用户研究指标、机构最受欢迎用户社交指标和机构顶级出版物指标，分别定义为 X1、X2、X3、X4 和 X5，然后分别以样本高校在 ResearchGate 社会网络中的入度、度、加权入度、加权度、接近中心性、中介中心性、特征向量中心性和 Pageranks 八个中心性指标为因变量，进行多元线性回归分析。

（一）高校 ResearchGate 公共因子指标对其入度中心性的影响

回归分析使用进入（Enter）方法，首先是将入度设置为因变量进行分析。模型拟合优度检验结果如表 5.10 所示，相关系数 R 为 0.825，判断系数 R^2 为 0.681，调整判断系数 R^2 为 0.649，表明回归方程拟合优度较好，即被解释变量可以被模型解释的部分较多[1]。

表 5.10　拟合优度检验结果

模型	R	R方	调整 R 方	标准估计的误差
1	0.825a	0.681	0.649	796.842

回归方程的显著性检验结果如表 5.11 所示。从中可以看出，回归平方和为 67 776 459、残差平方和为 31 747 894，离差平方和为 99 524 353。统计量 F 值为 21.348，显著性概率 p 值为 0.000，说明因变量和自变量之间的线性关系非常显著，可以建立线性模型。

表 5.11　回归方程显著性检验结果

模型		平方和	df	均方	F	Sig.
1	回归	67 776 459	5	13 555 292	21.348	0.000a
	残差	31 747 894	50	634 957.9		
	总计	99 524 353	55			

---

[1] 张屹，周平红．教育研究中定量数据的统计与分析：基于 SPSS 的应用案例解析［M］．北京大学出版社，2015．

表 5.12 为回归系数表,其中回归模型的常数项为 2 157.732,自变量机构顶级用户指标、机构整体指标、机构最受欢迎用户研究指标和机构顶级出版物指标的 p 值均小于 0.05,应该保留在回归方程中。因此,高校的这四个 ResearchGate 公共因子指标值均对其入度值具有一定的影响,影响系数分别为 661.998、526.04、463.4 和 542.422。根据多元线性回归分析结果,高校 ResearchGate 公共因子指标值估算其入度值的最终模型如下:

入度＝2 157.732＋661.998 * 机构顶级用户指标＋526.04 * 机构整体指标＋463.4 * 机构最受欢迎用户研究指标＋542.422 * 机构顶级出版物指标

表 5.12 回归系数结果

模型		非标准化系数		标准化系数	t	Sig.
		B	Std. error	Beta		
1	(常量)	2 157.732	106.483		20.264	0.000
	机构顶级用户指标	661.998	107.446	0.492	6.161	0.000
	机构整体指标	526.04	107.446	0.391	4.896	0.000
	机构最受欢迎用户研究指标	463.4	107.446	0.344	4.313	0.000
	机构最受欢迎用户社交指标	−91.536	107.446	−0.068	−0.852	0.398
	机构顶级出版物指标	542.422	107.446	0.403	5.048	0.000

(二) 高校 ResearchGate 公共因子指标对其度中心性的影响

回归分析使用进入(Enter)方法,首先是将度设置为因变量进行分析。模型拟合优度检验结果如表 5.13 所示,相关系数 R 为 0.803,判

断系数 R^2 为 0.645,调整判断系数 R^2 为 0.609,表明回归方程拟合优度较好,即被解释变量可以被模型解释的部分较多[①]。

表 5.13 拟合优度检验结果

模型	R	R方	调整 R方	标准估计的误差
1	0.803a	0.645	0.609	881.338

回归方程的显著性检验结果如表 5.14 所示。从中可以看出,回归平方和为 70 493 187.2,残差平方和为 38 837 848.51,离差平方和为 109 300 000。统计量 F 值为 18.151,显著性概率 p 值为 0.000,说明因变量和自变量之间的线性关系非常显著,可以建立线性模型。

表 5.14 回归方程显著性检验结果

模型		平方和	df	均方	F	Sig.
1	回归	70 493 187.2	5	14 098 637.44	18.151	0.000a
	残差	38 837 848.51	50	776 756.97		
	总计	109 300 000	55			

表 5.15 为回归系数表,其中回归模型的常数项为 2 658.072,自变量机构顶级用户指标、机构整体指标、机构最受欢迎用户研究指标和机构顶级出版物指标的 p 值均小于 0.05,应该保留在回归方程中。因此,高校的这四个 ResearchGate 公共因子指标值均对其度中心性值具有一定的影响,影响系数分别为 716.351、539.333、425.649 和 540.045。根据多元线性回归分析结果,高校 ResearchGate 公共因子指标值估算其度中心性值的最终模型如下:

度 = 2 658.072 + 716.351 * 机构顶级用户指标 + 539.333 * 机构

[①] 张屹,周平红.教育研究中定量数据的统计与分析:基于 SPSS 的应用案例解析[M].北京大学出版社,2015.

整体指标＋425.649＊机构最受欢迎用户研究指标＋540.045＊机构顶级出版物指标

表 5.15 回归系数结果

模型		非标准化系数		标准化系数	t	Sig.
		B	Std. error	Beta		
1	（常量）	2 658.072	117.774		22.569	0.000
	机构顶级用户指标	716.351	118.84	0.508	6.028	0.000
	机构整体指标	539.333	118.84	0.383	4.538	0.000
	机构最受欢迎用户研究指标	425.649	118.84	0.302	3.582	0.001
	机构最受欢迎用户社交指标	−69.498	118.84	−0.049	−0.585	0.561
	机构顶级出版物指标	540.045	118.84	0.383	4.544	0.000

（三）高校 ResearchGate 公共因子指标对其加权入度中心性的影响

回归分析使用进入（Enter）方法，首先是将加权入度设置为因变量进行分析。模型拟合优度检验结果如表 5.16 所示，相关系数 R 为 0.747，判断系数 R^2 为 0.558，调整判断系数 R^2 为 0.514，表明回归方程拟合优度较好，即被解释变量可以被模型解释的部分较多[①]。

表 5.16 拟合优度检验结果

模型	R	R方	调整 R方	标准估计的误差
1	0.747a	0.558	0.514	34 929.274 16

回归方程的显著性检验结果如表 5.17 所示。从中可以看出，回归

---

① 张屹,周平红.教育研究中定量数据的统计与分析:基于 SPSS 的应用案例解析[M].北京大学出版社,2015.

平方和为 77 040 000 000、残差平方和为 61 000 000 000,离差平方和为 138 000 000 000。统计量 F 值为 12.629,显著性概率 p 值为 0.000,说明因变量和自变量之间的线性关系非常显著,可以建立线性模型。

表 5.17 回归方程显著性检验结果

模型		平方和	df	均方	F	Sig.
1	回归	77 040 000 000	5	15 410 000 000	12.629	0.000a
	残差	61 000 000 000	50	1 220 000 000		
	总计	138 000 000 000	55			

表 5.18 为回归系数表,其中回归模型的常数项为 90 590.535,自变量机构顶级用户指标、机构整体指标、机构最受欢迎用户研究指标和机构顶级出版物指标的 p 值均小于 0.05,应该保留在回归方程中。因此,高校的这四个 ResearchGate 公共因子指标值均对其加权入度值具有一定的影响,影响系数分别为 18 667.093、14 882.918、24 333.217 和 14 915.979。根据多元线性回归分析结果,高校 ResearchGate 公共因子指标值估算其加权入度值的最终模型如下:

加权入度 = 90 590.535 + 18 667.093 * 机构顶级用户指标 + 14 882.918 * 机构整体指标 + 24 333.217 * 机构最受欢迎用户研究指标 + 14 915.979 * 机构顶级出版物指标

表 5.18 回归系数结果

模型		非标准化系数		标准化系数	t	Sig.
		B	Std. error	Beta		
1	(常量)	90 590.535	4 667.621		19.408	0.000
	机构顶级用户指标	18 667.093	4 709.862	0.373	3.963	0.000

续表

模型		非标准化系数		标准化系数	t	Sig.
		B	Std. error	Beta		
	机构整体指标	14 882.918	4 709.862	0.297	3.16	0.003
	机构最受欢迎用户研究指标	24 333.217	4 709.863	0.486	5.166	0.000
	机构最受欢迎用户社交指标	4 024.942	4 709.863	0.08	0.855	0.397
	机构顶级出版物指标	14 915.979	4 709.863	0.298	3.167	0.003

（四）高校 ResearchGate 公共因子指标对其加权度中心性的影响

回归分析使用进入（Enter）方法，首先是将加权度设置为因变量进行分析。模型拟合优度检验结果如表 5.19 所示，相关系数 R 为 0.605，判断系数 R^2 为 0.366，调整判断系数 R^2 为 0.303，表明回归方程拟合优度较好，即被解释变量可以被模型解释的部分较多[①]。

表 5.19 拟合优度检验结果

模型	R	R方	调整R方	标准估计的误差
1	0.605a	0.366	0.303	54 462.738 21

回归方程的显著性检验结果如表 5.20 所示。从中可以看出，回归平方和为 85 790 000 000、残差平方和为 148 300 000 000，离差平方和为 234 100 000 000。统计量 F 值为 5.784，显著性概率 p 值为 0.000，说明因变量和自变量之间的线性关系非常显著，可以建立线性模型。

---

① 张屹,周平红.教育研究中定量数据的统计与分析:基于 SPSS 的应用案例解析[M].北京:北京大学出版社,2015.

表 5.20　回归方程显著性检验结果

模型		平方和	df	均方	F	Sig.
1	回归	85 790 000 000	5	17 160 000 000	5.784	0.000a
	残差	148 300 000 000	50	2 966 000 000		
	总计	234 100 000 000	55			

表 5.21 为回归系数表,其中回归模型的常数项为 147 608.18,自变量机构顶级用户指标、机构整体指标、机构最受欢迎用户研究指标和机构顶级出版物指标的 p 值均小于 0.05,应该保留在回归方程中。因此,高校的这四个 ResearchGate 公共因子指标值均对其加权度值具有一定的影响,影响系数分别为 22 733.734、15 330.885、22 711.094 和 15 035.122。根据多元线性回归分析结果,高校 ResearchGate 公共因子指标值估算其加权度值的最终模型如下:

加权度 = 147 608.18 + 22 733.734 * 机构顶级用户指标 + 15 330.885 * 机构整体指标 + 22 711.094 * 机构最受欢迎用户研究指标 + 15 035.122 * 机构顶级出版物指标

表 5.21　回归系数结果

模型		非标准化系数		标准化系数	t	Sig.
		B	Std. error	Beta		
1	(常量)	147 608.18	7 277.89		20.282	0.000
	机构顶级用户指标	22 733.734	7 343.754	0.348	3.096	0.003
	机构整体指标	15 330.885	7 343.754	0.235	2.088	0.042
	机构最受欢迎用户研究指标	22 711.094	7 343.754	0.348	3.093	0.003
	机构最受欢迎用户社交指标	8 127.037	7 343.754	0.125	1.107	0.274
	机构顶级出版物指标	15 035.122	7 343.754	0.23	2.047	0.046

(五) 高校 ResearchGate 公共因子指标对其中介中心性的影响

回归分析使用进入(Enter)方法,首先是将中介中心性设置为因变量进行分析。模型拟合优度检验结果如表 5.22 所示,相关系数 R 为 0.611,判断系数 R^2 为 0.373,调整判断系数 R^2 为 0.31,表明回归方程拟合优度较好,即被解释变量可以被模型解释的部分较多[①]。

表 5.22 拟合优度检验结果

模型	R	R方	调整R方	标准估计的误差
1	0.611a	0.373	0.31	6 717 551.816

回归方程的显著性检验结果如表 5.23 所示。从中可以看出,回归平方和为 1.34E+15、残差平方和为 2.26E+15,离差平方和为 3.60E+15。统计量 F 值为 5.951,显著性概率 p 值为 0.000,说明因变量和自变量之间的线性关系非常显著,可以建立线性模型。

表 5.23 回归方程显著性检验结果

模型		平方和	df	均方	F	Sig.
1	回归	1.34E+15	5	2.69E+14	5.951	0.000a
	残差	2.26E+15	50	4.51E+13		
	总计	3.60E+15	55			

表 5.24 为回归系数表,其中回归模型的常数项为 12 968 288.23,自变量机构顶级用户指标、机构整体指标和机构顶级出版物指标的 p 值均小于 0.05,应该保留在回归方程中。因此,高校的这三个 ResearchGate 公共因子指标值均对其中介中心性值具有一定的影响,影响系数分别为 3 373 388.991、2 753 265.597 和 1 949 331.918。根据多元线性回归分析结果,高校 ResearchGate 公共因子指标值估算其中介中心性值的最终模型如下:

---

① 张屹,周平红.教育研究中定量数据的统计与分析:基于 SPSS 的应用案例解析[M].北京大学出版社,2015.

中介中心性＝12 968 288.23＋3 373 388.991＊机构顶级用户指标＋
2 753 265.597＊机构整体指标＋1 949 331.918＊机构顶级出版物指标

表 5.24 回归系数结果

模型		非标准化系数		标准化系数	t	Sig.
		B	Std. error	Beta		
1	（常量）	12 968 288.23	897 670.62		14.447	0.000
	机构顶级用户指标	3 373 388.991	905 794.495	0.417	3.724	0.000
	机构整体指标	2 753 265.597	905 794.515	0.34	3.04	0.004
	机构最受欢迎用户研究指标	1 280 497.882	905 794.549	0.158	1.414	0.164
	机构最受欢迎用户社交指标	121 100.081	905 794.549	0.015	0.134	0.894
	机构顶级出版物指标	1 949 331.918	905 794.535	0.241	2.152	0.036

（六）高校 ResearchGate 公共因子指标对其特征向量中心性的影响

回归分析使用进入（Enter）方法，首先是将特征向量中心性设置为因变量进行分析。模型拟合优度检验结果如表 5.25 所示，相关系数 R 为 0.814，判断系数 R^2 为 0.663，调整判断系数 R^2 为 0.63，表明回归方程拟合优度较好，即被解释变量可以被模型解释的部分较多[1]。

表 5.25 拟合优度检验结果

模型	R	R方	调整R方	标准估计的误差
1	0.814a	0.663	0.63	0.120 107 03

---

[1] 张屹，周平红. 教育研究中定量数据的统计与分析：基于 SPSS 的应用案例解析[M]. 北京大学出版社，2015.

回归方程的显著性检验结果如表 5.26 所示。从中可以看出,回归平方和为 1.421、残差平方和为 0.721,离差平方和为 2.143。统计量 F 值为 19.707,显著性概率 p 值为 0.000,说明因变量和自变量之间的线性关系非常显著,可以建立线性模型。

表 5.26 回归方程显著性检验结果

模型		平方和	df	均方	F	Sig.
1	回归	1.421	5	0.284	19.707	0.000a
	残差	0.721	50	0.014		
	总计	2.143	55			

表 5.27 为回归系数表,其中回归模型的常数项为 0.547,自变量机构顶级用户指标、机构整体指标、机构最受欢迎用户研究指标和机构顶级出版物指标的 p 值均小于 0.05,应该保留在回归方程中。因此,高校的这四个 ResearchGate 公共因子指标值均对其特征向量中心性值具有一定的影响,影响系数分别为 0.103、0.069、0.064 和 0.079。根据多元线性回归分析结果,高校 ResearchGate 公共因子指标值估算其特征向量中心性值的最终模型如下:

特征向量中心性＝0.547＋0.103 * 机构顶级用户指标＋0.069 * 机构整体指标＋0.064 * 机构最受欢迎用户研究指标＋0.079 * 机构顶级出版物指标

表 5.27 回归系数结果

模型		非标准化系数		标准化系数	t	Sig.
		B	Std. error	Beta		
1	(常量)	0.547	0.016		34.084	0.000
	机构顶级用户指标	0.103	0.016	0.519	6.329	0.000

续表

模型	非标准化系数		标准化系数	t	Sig.
	B	Std. error	Beta		
机构整体指标	0.069	0.016	0.347	4.233	0.000
机构最受欢迎用户研究指标	0.064	0.016	0.325	3.957	0.000
机构最受欢迎用户社交指标	−0.016	0.016	−0.079	−0.962	0.341
机构顶级出版物指标	0.079	0.016	0.402	4.897	0.000

（七）高校 ResearchGate 公共因子指标对其 Pageranks 的影响

回归分析使用进入（Enter）方法，首先是将 Pageranks 设置为因变量进行分析。模型拟合优度检验结果如表 5.28 所示，相关系数 R 为 0.820，判断系数 R^2 为 0.673，调整判断系数 R^2 为 0.64，表明回归方程拟合优度较好，即被解释变量可以被模型解释的部分较多[①]。

表 5.28 拟合优度检验结果

模型	R	R方	调整 R 方	标准估计的误差
1	0.820a	0.673	0.64	0.002988852

回归方程的显著性检验结果如表 5.29 所示。从中可以看出，回归平方和为 0.001、残差平方和为 0.000，离差平方和为 0.001。统计量 F 值为 20.592，显著性概率 p 值为 0.000，说明因变量和自变量之间的线性关系非常显著，可以建立线性模型。

[①] 张屹，周平红. 教育研究中定量数据的统计与分析：基于 SPSS 的应用案例解析[M]. 北京大学出版社，2015.

表 5.29　回归方程显著性检验结果

模型		平方和	df	均方	F	Sig.
1	回归	0.001	5	0.000	20.592	0.000a
	残差	0.000	50	0.000		
	总计	0.001	55			

表5.30为回归系数表,其中回归模型的常数项为0.008,自变量机构顶级用户指标、机构整体指标、机构最受欢迎用户研究指标和机构顶级出版物指标的 p 值均小于 0.05,应该保留在回归方程中。因此,高校的这四个 ResearchGate 公共因子指标值均对其 Pageranks 值具有一定的影响,影响系数均为 0.002。根据多元线性回归分析结果,高校 ResearchGate 公共因子指标值估算其 Pageranks 值的最终模型如下:

Pageranks＝0.008＋0.002 * 机构顶级用户指标＋0.002 * 机构整体指标＋0.002 * 机构最受欢迎用户研究指标＋0.002 * 机构顶级出版物指标

表 5.30　回归系数结果

模型		非标准化系数		标准化系数	t	Sig.
		B	Std. error	Beta		
1	(常量)	0.008	0.000		21.023	0.000
	机构顶级用户指标	0.002	0.000	0.484	5.990	0.000
	机构整体指标	0.002	0.000	0.386	4.777	0.000
	机构最受欢迎用户研究指标	0.002	0.000	0.387	4.790	0.000
	机构最受欢迎用户社交指标	0.000	0.000	−0.044	−0.549	0.585
	机构顶级出版物指标	0.002	0.000	0.371	4.584	0.000

第四节 研究结论及启示

一、研究结论

本研究通过使用社会网络分析方法提取国内外一流大学在学术社交网络中的网络中心性度量,并发现这些网络中心性度量和他们在大学排名系统中的得分之间存在显著的相关性。因此,基于社会网络分析的大学中心性度量与大学排名系统的学术影响指标之间存在一定的对应关系。

评估高校在学术社交网络中的网络中心性指标对其科学影响评估的贡献时,有必要区分不同中心性度量各自的具体含义,它们实际上代表了大学基于学术社交网络的学术影响力的不同体现方式[①]。我们的研究发现,国内外一流大学在ResearchGate中形成的社会网络中心性指标(包括入度、接近中心性、中介中心性和特征向量中心性等)和他们在各大主流大学排名系统中的得分之间存在显著的相关性,说明这些中心性指标具有衡量大学在学术社交网络中的科学地位和科学影响的潜在价值,我们可以在此基础上开发新的高校科研影响力测评指标。

通过回归分析,我们发现样本高校的顶级用户指标、机构整体指标、机构最受欢迎用户研究指标和机构顶级出版物指标四个ResearchGate公共因子指标对它们在ResearchGate中生成的学术社交网络的入度、度、加权入度、加权度、中介中心性、特征向量中心性和Pageranks七个中心性指标具有显著的影响,但最受欢迎用户社交指标对这些中心性指标不具有显著的影响。因此,影响一所大学在学术社交网络中

---

① Hoffmann C. P., Lutz C., Meckel M.. A Relational Altmetric? Network Centrality on ResearchGate as An Indicator of Scientific Impact [J]. Journal of the Association for Information Science and Technology, 2016, 67(4):765-775.

的地位和科学影响的因素主要还在于他们的学术地位等传统的学术资本指标,而不是主要在于他们的社交活跃性。这也充分证明学术社交网络的独特价值在于学术交流,区别于通用社交网络媒体的社交活跃性,它映射了既有的学术交流关系,而不是扩展新的社交关系。因此,学术社交网络的社交互动性并不是很强。很多 ResearchGate 顶级用户并不是最受欢迎用户,他们主要通过出版物的分享参与社区活动,而对其他社会交互活动的参与度不高。但不可否认的是,平台用户之间的相互关系仍然意味着社区内的某种尊重,并进而形成一种新的学术交流模式。

通过对机构层面的 ResearchGate 用户的关注和被关注关系进行社会网络分析,我们发现国内外一流大学相互之间构成一个较为密集的学术社交网络,相互之间的可达性良好。但是,它们在学术社交网络中的中心性指标值存在国内外差异。首先,按入度、中介中心性、特征向量中心性和 Pageranks 等中心性指标值排名,排名靠前的主要是国际一流大学,而且 t 检验结果也显示它们的这些指标均值显著高于国内高校。其次,在出度,尤其是接近中心性方面,国内高校的排名比较靠前,t 检验结果显示它们的接近中心性均值略高于国际高校,在出度方面接近国际高校。因此,国内"双一流"建设高校在国际学术社交网络中的活跃性已经接近国际一流大学,但在其中的学术吸引力方面与国际顶尖大学相比仍然存在一定的差距,主要表现在研究成果吸引过来的入度、跨学科交流和处于网络中位置的重要性方面还有待加强。从社区检测结果来看,国内外一流大学可以划分为 7 个社群。社区分类体现了一定的地域和学科相近性,再一次说明学术社交网络在本质上仍带有传统的学术交流机制这种地理位置和学科相近性的痕迹。

二、研究启示

本研究的结论对于我们国家的"双一流"高校建设具有一定的启示意义。第一,对于"双一流"建设高校而言,需要重视通过 ResearchGate 这样的国际学术社交网络扩大他们在全球学术交流中的影响力。第二,我们需要研发类似的符合国内研究特色的国际学术社交网络,吸引国际高校用户的参与,提升我们在国内外学术交流与合作中的地位。第三,国际学术社交网络为高水平研究型大学之间的国际交流与合作提供了新的机会与途径,我们需要鼓励国内高校研究人员更积极主动地参与 ResearchGate 等学术社交网络的活动,比如在其中分享研究成果,发现和识别其中潜在的合作研究者,积极回应其他研究者的提问与请求以及向其他研究者提问,构建良好的个人关注和被关注社会网络关系。这些方法有助于国内高校学者跟进学科研究的最新前沿,提升个人基于学术社交网络的科研影响力,同时促进高水平研究的国际交流与合作。

第六章

结　　语

近二三十年来,在线出版、开放获取和学术社交网络对长达数百年的传统学术交流模式带来了巨大的冲击,在很大程度上拓展了高校学术影响的范围。目前,世界大学排名系统仍然主要使用传统文献计量学方法衡量大学的学术影响力,并在此基础上进行大学排名研究。传统文献计量学方法无法测评高校科研影响力的所有方面,比如对其基于学术社交网络的科研影响力的测评是无能为力的。关于研究成果在社交网络媒体中的提及及使用情况,以及这些情况能否反映高校的科研影响水平,学界进行了大量的研究,并提出了一些新的计量指标,其中最为知名的要数 Altmetrics。

很多研究发现 Altmetrics 指标数据和传统文献计量学指标数据之间存在显著的相关性。但是,Altmetrics 也存在一些自身固有的问题,比如:高校研究成果的 Altmetrics 覆盖率存在显著的国别差异、语言差异和学科差异,这可能导致评价结果的偏差;Altmetrics 目前采集的主要是一些社会网络媒体的提及或使用等底层数据,这些数据指标虽然和传统引用影响指标之间存在显著的相关性,但这种相关性实际上并不高;Altmetrics 目前仍然是一种非正式、非标准化的尝试,离将其直接用于高校的科研影响力评价还存在较大的差距,需要更进一步探索它的科学应用方法和信效度。

ResearchGate 等专门学术社交网络的出现对传统的学术交流机制带来颠覆性创新,它使学术交流从线下扩展至线上,不但变革了学术交流的环境和过程,而且将对传统的基于文献计量学的科研影响力评价方法带来巨大的冲击。而且,与 Altmetrics 一般只采集一两个底层数据的做法相比,ResearchGate 提供了高校机构层级更多的科研影响评价指标数据,其中既包括反映高校产出、吸引力、阅读和引用次数等方面的研究指标,也包括关注和被关注、提问和回答以及分享和获取等社交指标。因此,以 ResearchGate 为代表的学术社交网络数据既反映了传统意义上的静态学术影响,同时也反映了高校及学者间的动态社会网络关系,这比目前 Altmetrics 只采用一两个底层数据指标的做法能够更全面地反映高校的科研影响力。我们可以在这些新的指标数据的基础上尝试构建新的高校科研影响力评价指标体系,挖掘和识别学术社交网络中高校之间形成的学术交流模式和社会交流模式,为高校科研影响力的测评提供新的理论和方法尝试。

第一节 研 究 发 现

一、学术社交网络给传统的学术交流模式带来巨大的变革

学术交流按传播方式,到目前为止可以划分为三个主要的发展阶段:①基于人际传播的知识交流方式,比如 16、17 世纪流行的"无形学院",主要采用面对面的学术集会、研讨和交流等非正式学术群体内的人际传播方式;②基于学术出版的学术交流方式,以 17 世纪正式科学刊物的出现为标志,主要采用学术刊物出版研究论文的方式,通过论文间的引用和被引用实现知识的传播与交流;③基于电子出版和文献数据库的学术交流方式,以近二三十年来电子出版和大规模文献数据库的出现为标志,使基于纸质学术出版物的学术交流方式扩展到数字化环境,实现了研究论文之间引用和被引用关系数据的自动化记录,为基于这些数据的文献计量学分析提供极大的便利。我们可以发现,早期"无形学院"采用的主要是人与人之间的交流方式,而随后的正式学术出版乃至近期出现的电子出版都主要采用出版物之间物与物

的交流方式。当前时兴的学术社交网络能够同时支持论文之间的学术交流与作者之间的社会交互,实现了"人-人"交流和"物-物"交流两种交流方式的有机整合,将给传统的学术交流模式带来巨大的冲击甚至变革。

二、国内外一流大学研究成果的 Altmetrics 覆盖率存在显著的差异

通过对国内外一流大学 2021 年研究成果的 Altmetrics 指标数据的挖掘与分析,以及和现有 Altmetrics 覆盖率的相关研究进行比较,我们发现在过去的 10 余年间,国内外高校研究成果的 Altmetric.com 覆盖率呈逐年上升趋势,前后翻了好几倍。国际顶尖大学研究成果的覆盖率总体上达到了 78.66%,国内"双一流"建设高校研究成果的覆盖率较低,但也达到了 34.04%。因此,Altmetrics 已经成为我们不能忽视的高校科研影响力测评指标。但是,大学研究成果的 Altmetric.com 覆盖率存在显著的国别差异、语言差异和学科差异。首先,从国家地域来看,欧美国家,尤其是英语国家高校研究成果的 Altmetrics 覆盖率要显著高于其他国家和地区高校。其次,从语言方面来看,英语期刊上发表的论文,以及被英语社会网络媒体提及的数据更容易被 Altmetrics 服务商采用,从而导致高校研究成果的 Altmetrics 覆盖率存在显著的语言差异。最后,从学科方面来看,法学、医学和交叉学科等方面研究文献的覆盖率要显著高于其他学科。因此,虽然高校研究成果在 Altmetric.com 中的覆盖率逐年提高,但是这些偏差的存在会在很大程度上影响评价结果的科学性,因此需要进一步深入挖掘 Altmetrics 作为高校科研影响力计量评价指标的潜力。

三、Altmetrics 指标与大学排名系统指标之间存在显著的相关性

本研究发现,国内外一流大学的 Altmetric 关注度分数(Altmetric Attention Score, AAS)与他们在主要国际大学排名系统中的总体得分

以及反映研究水平、教学水平和国际合作水平等方面的指标得分之间存在显著的相关性,而与行业收入等非学术研究指标得分之间的相关性不显著。因此,Altmetrics确实在某种程度上反映了高校研究成果的学术影响力,即研究论文在社会网络媒体中的提及和使用数据与传统意义上的引用影响指标之间存在内在联系。大学排名系统在排名指标体系及方法的设计时,不能忽略高校研究成果在社会网络媒体中形成的影响力,其已经成为衡量高校科研影响力的重要组成部分。

四、学术社交网络指标具有评价大学科研影响力的潜力

ResearchGate目前已经成为全球大学应用最为广泛的学术社交网络之一,它吸纳了越来越多的高校研究人员用户,汇聚了大量的高校研究成果,而且生成了海量的关于研究成果之间的学术交流数据和研究人员之间的社会网络数据,已经成为当前高校学术交流的重要场所。我们通过爬取国内外一流大学在ResearchGate中生成的学术社交网络指标数据,包括机构整体指标、最受欢迎用户指标、顶级用户指标和顶级出版物指标等方面的数据,并对这些数据与大学排名系统指标数据进行统计分析,发现它们之间存在显著的相关性,而且回归分析结果表明高校的ResearchGate指标值对其THE、QS、ARWU、Leiden和Nature Index等排名系统得分存在一定程度的影响。因此,ResearchGate指标数据和Altmetrics分数一样,也能够从某种程度上反映高校机构层级的科研影响力,而且它能够提供更全面、更详细和更快捷的高校学术交流数据,不但能够表现高校静态的学术影响力,而且可以表现高校之间动态的社会网络关系。本研究在ResearchGate指标数据的基础上进行主成分因子分析,初步构建了基于ResearchGate的高校科研影响力计量评价指标体系,并对样本高校进行了评价实践。我们发现,样本高校基于ResearchGate的科研影响力和主流大学排名系统评价指标之间具有较强的相关性,证明我们构建的基于学术社交网络的高校科研影响力综合评价指标具有一定的准则效度。

五、社会网络中心性指标具有评价大学科研影响力的潜力

ResearchGate 指标数据不但包括高校研究成果的学术交流数据，而且还包括高校之间动态的社会网络关系数据。根据关系动力学理论，高校及其学者在社会网络中的中心性位置指标也在某种程度上反映了他们在学术交流中的地位和影响力水平。传统文献计量学主要基于论文和作者的被引频次衡量其学术影响力，未考虑其在学术交流网络中的结点位置对其相关计量指标权重的动态影响。本研究使用社会网络分析方法，发现国内外一流大学通过用户之间的关注和被关注关系构成一个比较密集的学术社交网络，各高校之间的可达性良好。国内外一流大学在学术社交网络中的中心性度量和它们在大学排名系统中的得分之间存在显著的相关性。通过回归分析，我们发现一所大学在学术社交网络中的中心性指标主要受其学术地位等传统学术资本指标的影响，而不是他们的社交活跃性。因此，学术社交网络的独特价值主要在于学术交流而不是社会交往。而且，我们通过均值比较，发现国内高校除出度中心性以外，大多数网络中心性指标均要显著低于国际顶尖大学，表明国内高校在学术吸引力、跨学科交流和在学术社交网络中位置的重要性等方面仍需要进一步加强。最后，从社区检测结果来看，国内外一流大学之间的社区分类体现出一定的地域性和学科相似性。

第二节 研究创新与贡献

一、揭示出学术社交网络将学术交流模式带入一个新的发展阶段

本研究认为，学术社交网络同时继承了在线文献数据库和社会网络媒体的功能，能够支持学者在线分享研究成果和进行社会交流与互

动。它打破了在线文献数据库由少数几家大型机构掌控科学研究成果出版、汇聚和传递的中心化学术交流模式，构建了一种由学者自行发布、分享和推荐个人研究成果的去中心化学术交流模式。而且，学术社交网络将过去的"研究者-研究者"以及"出版物-出版物"两条相对独立的学术交流模式整合为一个有机整体，形成了一种全新的在线学术合作与知识交流机制。可以说，学术社交网络变革了学术交流的环境与过程，形成了一种全新的学术交流机制，扩展了学术影响的领域与形式，因而需要构建新的面向学术社交网络的科研影响力计量评价指标体系和方法。

二、检验了高校 Altmetrics 及 ResearchGate 指标的学术评价潜力

本研究通过对国内外一流大学 2021 年 WoS 收录研究成果的 Altmetrics 及 ResearchGate 指标数据进行挖掘，最终得到 491 597 条文献的相关指标数据。然后，我们通过相关分析和回归分析，发现样本高校的 Altmetrics 及 ResearchGate 指标数据和它们在 ARWU、Leiden、THE、QS 和 Nature Index 等主要世界大学排名系统中的指标得分之间存在显著的相关性，而且回归分析结果显示高校的 ResearchGate 指标值对其在 THE、QS、ARWU、Leiden 和 Nature Index 等排名系统中的得分具有一定程度的影响。其中，Altmetrics 只考虑一两个提及和使用的底层数据指标，而 ResearchGate 新增了阅读量、研究兴趣、推荐、提问、回答、关注和被关注等在线学术社交活动指标，在很大程度上丰富了 Altmetrics 的指标体系。因此，本研究在大量数据分析的基础上，证明高校的 Altmetrics 及 ResearchGate 指标值在某种程度上反映了高校研究成果的学术影响力，具有作为高校学术影响力、大学排名得分的评价和预测指标的潜力。本研究的主要贡献在于能够帮助解决传统大学排名系统方法的局限性以及 Altmetrics 指标过于简单化的问题，为高校基于学术社交网络的科研影响力的评价提供新的数据来源。

三、构建基于学术社交网络的高校科研影响力计量评价指标体系

本研究基于 ReaserchGate 提供的 31 个指标数据,通过主成分因子分析,提取出五个公共因子:"顶级用户研究及社交""高校机构整体指标""最受欢迎用户研究""最受欢迎用户社交"和"顶级出版物吸引力"。我们在探索性因子分析的基础上,以每个因子对应方差的相对贡献率作为权重提出基于学术社交网络的高校科研影响力综合评价模型。通过统计分析,我们发现各样本高校的 ResearchGate 综合评价得分与它们的 Altmetric 关注度分数(AAS)及其在 ARWU、Leiden、THE、QS 和 Nature Index 等排名系统中的得分之间存在显著的相关性。因此,高校的 ResearchGate 综合评价指标和大学排名系统评价指标相比具有一致性,它们具有替代计量学的潜力和价值。基于学术社交网络的高校科研影响力综合评价模型能够为将来监测、评估和发展大学研究成果在学术社交网络中的影响力提供一种新的方法尝试。

四、揭示出大学基于学术社交网络的中心性指标的差异性及重要性

学术社交网络已经成为高校学术交流及产生科研影响的重要场所,我们对于高校科研影响力的评价已经不能再忽视它的存在。Altmetrics 涉及部分学术社交网络的数据指标,但它选择的数据来源繁多,对学术社交网络提供的指标数据考虑不全面。本研究将大学的科研影响力评价从传统的、静态的文献计量学扩展至基于社会网络分析的关系动力学领域,考虑高校结点的网络位置属性及科研合作对其科研影响力及评价指标权重的影响,从高校科研影响过程中社会关系的网络结构和动力学特征深入挖掘它们基于学术社交网络的科研影响力,这对高校科研影响力的评价标准和方法来说是一种发展和完善。本研究还证实了国内外一流大学在学术社交网络中的中心性在一定程度上能够反映他们在大学排名系统中的得分情况,而中心性又受到高

校顶级用户指标、机构整体指标、机构最受欢迎用户研究指标和机构顶级出版物指标四个 ResearchGate 公共因子指标的影响。而且，我们还揭示出国内外高校在学术社交网络中的社会网络属性之间存在较大的差异。国内"双一流"建设高校与国际顶尖大学相比，在学术吸引力、跨学科交流和网络位置关键性等方面仍然存在显著的差距。这些研究发现对于我们提高"双一流"建设高校在学术社交网络中的重要地位，提供了较为重要的参考。

第三节 局限性及进一步研究建议

一、数据的全面性不足

虽然本研究使用的数据总量比较大，共获取国内外一流大学 2021 年 WoS 收录研究文献 491 597 条，并通过网络爬虫程序和 API 接口获得这些文献的 Altmetrics 和 ResearchGate 指标数据，但是最终得到的数据仍然不够全面。比如国内我们选择的是 42 所"双一流"建设高校，国际高校选择的是世界大学学术排名前 20 的世界一流大学，在国内外高校数目上并不一致，这可能会在一定程度上影响比较的效果。但是，由于整个数据采集过程的工作量巨大，前后耗时将近半年，到后期 ResearchGate 更新了机构主页的信息内容，不再提供机构整体统计数据、顶级出版物和最受欢迎用户等指标数据，使研究团队无法进一步补充数据，从而导致数据的不全面。而且，我们主要采集的是 Altmetric.com 和 ResearchGate 两个平台的数据，实际上还有很多其他的 Altmetrics 提供商及学术社交网络平台数据没有被采集。因此，我们在未来需要获取更多学术社交网络平台数据，以提高研究数据的全面性和代表性。

二、数据采集的时间窗口难以一致

本研究还存在数据不一致性的问题。首先，由于数据采集过程的时间跨度较大，高校的 Altmetrics 数据和学术社交网络数据随时都在更新，导致最终比较的数据事实上存在时间不一致的问题：前期采集的高校数据没有后期采集的高校数据那样反映了一所高校的最新动态。其次，不同大学排名系统使用的高校研究文献数据在时间上的跨度也不一样：ARWU 的"N&S 论文"指标使用过去五年的数据，而"国际论文"指标使用过去一年的数据；THE 使用的是过去五年被 Scopus 数据库索引的文献数据；SCimago 系统是根据截至排名发布前两年的五年内出版的文献数据进行计算的，而网络指标只计算过去一年的数据记录；QS 系统的"师均引用次数"指标采用的是一所大学五年内发表论的文引用数据；Leiden 大学排名系统使用的是截至排名发布前两年的四年内的文献数据；而 Natural Index 使用的是过去两年的文献出版数据。最后，学术社交网络提供的数据指标，包括机构整体指标、顶级用户指标、最受欢迎用户指标、顶级出版物指标虽然获取的是 2021 年的数据，但它反映的是历年来高校参与学术社交网络的情况。因此，我们无法选择一个能够与所有大学排名系统使用文献数据的时间跨度一致的时间段进行数据的挖掘与统计分析。虽然一所高校相近年份的研究指标数据之间存在极强的相关性，但确实也会在某种程度上影响数据分析的可靠性。

三、基于学术社交网络的高校科研影响力计量评价方法仍有待完善

本研究设计了基于学术社交网络的高校科研影响力计量评价指标体系，并验证了它的有效性，为评价高校基于学术社交网络的科研影响力提供了一种新的计量评价标准和方法，同时从社会网络分析的视角，讨论了高校机构结点在学术社交网络中的中心性等位置指标对评价其科研影响力的重要意义。但是，由于时间周期的有限性，我们只能在 2021 年到 2022 年较短的一个时间片段内对高校在学术社交网络中的科研影响表现进行分析，未来的研究需要在时间跨度上进一步拓宽，检验研究结论在更长时间周期内的有效性。同时，我们选择的样

本高校实际上以国内"双一流"建设高校和英美大学为主,未来需要考虑来自更多国家和地域的高校样本,以增强研究结论的代表性。而且,本研究设计的基于学术社交网络的高校科研影响力计量评价的理论构建以及评价标准和方法的有效性,也需要在未来更多的实证研究中加以检验和完善。

参 考 文 献

一、中文文献

［1］鲍威,哈巍,闵维方,等."985 工程"对中国高校国际学术影响力的驱动效应评估［J］.教育研究,2017,38(9).

［2］程莹,杨颉.从世界大学学术排名(ARWU)看我国"985 工程"大学学术竞争力的变化［J］.中国高教研究,2016(4).

［3］付鑫金,方曙,许海云.高校网络学术影响力实证研究［J］.图书情报工作,2013,57(8).

［4］刘晓娟,周建华,尤斌.基于 Mendeley 与 WoS 的选择性计量指标与传统科学计量指标相关性研究［J］.图书情报工作,2015,59(3).

［5］邱均平,张心源,董克.Altmetrics 指标在机构知识库中的应用研究［J］.图书情报工作,2015,59(2).

［6］杨国梁,W. B. Liu,李晓轩,等.国际国立科研机构学术影响力评价方法研究［J］.中国科技论坛,2010(6).

［7］杨柳,陈贡.Altmetrics 视角下科研机构影响力评价指标的相关性研究［J］.图书情报工作,2015(15).

［8］由庆斌,汤珊红.不同类型论文层面计量指标间的相关性研究［J］.图书情报工作,2014,58(8).

［9］由庆斌,韦博,汤珊红.基于补充计量学的论文影响力评价模型构建［J］.图书情报工作,2014,58(22).

［10］张屹,周平红.教育研究中定量数据的统计与分析:基于 SPSS 的应用案例解析［M］.北京大学出版社,2015.

［11］赵蓉英,郭凤娇,谭洁.基于 Altmetrics 的学术论文影响力评价研究——以汉语言文学学科为例［J］.中国图书馆学报,2016,42(1).

二、外文文献

［1］Almind T. C., Ingwersen P.. Informetric Analyses on the World Wide Web: Methodological Approaches to 'Webometrics'［J］. Journal of Documentation, 1997,53(4).

参 考 文 献

[2] Copiello S., Bonifaci P.. A few remarks on ResearchGate Score and Academic Reputation [J]. Scientometrics, 2018, 114(1).

[3] Copiello S.. Research Interest: Another Undisclosed (and Redundant) Algorithm by ResearchGate [J]. Scientometrics, 2019, 120(1).

[4] Cronin B.. Bibliometrics and Beyond: Some Thoughts on Web-based Citation Analysis [J]. Journal of Information Science, 2001, 27(1).

[5] De Wit H., Hunter F., Howard L., & Egron-Polak E.. Internationalisation of Higher Education [M]. Brussels: European Parliament, Directorate-General for Internal Policies, 2015.

[6] EATON J. S.. The Quest for Quality and the Role, Impact and Influence of Supranational Organisations [M] // Global Rankings and the Geopolitics of Higher Education. Routledge, 2016.

[7] Gazni A., Larivière V., Didegah F.. The Effect of Collaborators on Institutions' Scientific Impact [J]. Scientometrics, 2016, 109(2).

[8] Gumpenberger C., Glänzel W., Gorraiz J.. The Ecstasy and the Agony of the Altmetric Score [J]. Scientometrics, 2016, 108(2).

[9] Haustein S., Peters I., Bar-Ilan J., et al.. Coverage and Adoption of Altmetrics Sources in the Bibliometric Community [J]. Scientometrics, 2014, 101.

[10] Haustein S., Siebenlist T.. Applying Social Bookmarking Data to Evaluate Journal Usage [J]. Journal of Informetrics, 2011, 5(3).

[11] Hazelkorn E.. Rankings and the Reshaping of Higher Education: The Battle for World-class Excellence(2nd ed) [M]. Basingstoke: Palgrave Macmillan, 2015.

[12] Hoffmann C. P., Lutz C., Meckel M.. A Relational Altmetric? Network Centrality on ResearchGate as an Indicator of Scientific Impact [J]. Journal of the Association for Information Science and Technology, 2016, 67(4).

[13] Ingwersen P.. The Calculation of Web Impact Factors [J]. Journal of Documentation, 1998, 54(2).

[14] Kling R., McKim G.. Scholarly Communication and the Continuum of Electronic Publishing [J]. Journal of the American Society for Information Science, 1999, 50(10).

[15] Koku E., Nazer N., Wellman B.. Netting Scholars: Online and Offline [J]. American Behavioral Scientist, 2001, 44(10).

[16] Kolahi J., Khazaei S., Iranmanesh P., et al.. Altmetric Analysis of the Contemporary Scientific Literature in Endodontology [J]. International Endodontic Journal, 2020, 53(3).

[17] Lawrence S.. Free Online Availability Substantially Increases a Paper's Impact [J]. Nature, 2001, 411(6837).

[18] Lepori B., Thelwall M., Hoorani B. H.. Which US and European Higher

Education Institutions are Visible in ResearchGate and What Affects Their RG Score?[J]. Journal of Informetrics,2018,12(3).

[19] Li X. M., Thelwall M., Giustini D.. Validating Online Reference Managers for Scholarly Impact Measurement [J]. Scientometrics,2012,91(2).

[20] Liu Q., Shao Z., Fan W.. The Impact of Users' Sense of Belonging on Social Media Habit Formation: Empirical Evidence from Social Networking and Microblogging Websites in China [J]. International Journal of Information Management,2018,43.

[21] Lutz C., Hoffmann C. P.. Making Academic Social Capital Visible: Relating SNS-based, Alternative and Traditional Metrics of Scientific Impact [J]. Social Science Computer Review,2018,36(5).

[22] Marginson S.. University Rankings and Social Science [J]. European Journal of Education,2014,49(1).

[23] Mohammadi E., Thelwall M., Haustein S., et al.. Who Reads Research Articles? An Altmetrics Analysis of Mendeley User Categories [J]. Journal of the Association for Information Science and Technology,2015,66(9).

[24] Moshtagh M., Sotudeh H.. Correlation between Universities' Altmetric Attention Scores and Their Performance Scores in Nature Index, Leiden, Times Higher Education and Quacquarelli Symonds Ranking Systems [J]. Journal of Information Science,2021(4).

[25] Pagell R. A.. Bibliometrics and University Research Rankings Demystified for Librarians [M]//Library and Information Sciences. Berlin Heidelberg: Springer, 2014.

[26] Priem J., Piwowar H. A., Hemminger B. M.. Altmetrics in the Wild: Using Social Media to Explore Scholarly Impact [J]. Computer Science,2012.

[27] J. Priem, D.. Taraborelli, P.. Groth, C.. Neylon. Altmetrics: A Manifesto [EB/OL]. [2020-08-01]. http://altmetrics.org/manifesto.

[28] Pritchard A.. Statistical Bibliography or Bibliometrics [J]. Journal of Documentation,1969,25.

[29] Roemer R. C., Borchardt R.. Meaningful Metrics: a 21st Century Librarian's Guide to Bibliometrics, Altmetrics, and Research Impact [M]. Chicago, Illinois, USA: Association of College and Research Libraries, A Division of the American Library Association,2015.

[30] Shema H., Bar-Ilan J., Thelwall M.. Do Blog Citations Correlate with a Higher Number of Future Citations? Research Blogs as a Potential Source for Alternative Metrics [J]. Journal of the Association for Information Science and Technology,2014,65(5).

[31] Shin J. C., Toutkoushian R. K.. The Past, Present, and Future of University

Rankings [M]//University Rankings. Netherlands: Springer, 2011.
[32] Smith A. G.. A Tale of Two Web Spaces: Comparing Sites Using Web Impact Factors. [J]. Journal of Documentation, 1999, 55(5).
[33] Thelwall M., Kousha K.. ResearchGate Articles: Age, Discipline, Audience Size, and Impact [J]. Journal of the Association for Information Science and Technology, 2017, 68(2).
[34] Valizadeh-Haghi S., Nasibi-Sis H, Shekofteh M, et al.. ResearchGate Metrics' Behavior and Its Correlation with RG Score and Scopus Indicators [J]. Information Technology and Libraries, 2022, 41(1).
[35] Van Noorden R.. Scientists and the Social Network [J]. Nature, 2014, 512 (7513).
[36] Van Vught F., Ziegele F. (eds). Multidimensional Ranking: The Design and Development of U-multirank [M]. Dordrecht: Springer, 2012.
[37] Waltman L.. A Review of the Literature on Citation Impact Indicators [J]. Journal of Informetrics, 2016, 10(2).
[38] Wasserman S., Faust K.. Social Network Analysis: Methods and Applications [M]. Cambridge, MA: Cambridge University Press, 1994.
[39] Watts D. J., Strogatz S. H.. Collective Dynamics of 'Small-world' Networks [J]. Nature, 1998, 393(6684).
[40] Wiechetek Ł., Pastuszak Z.. Academic Social Networks Metrics: an Effective Indicator for University Performance? [J]. Scientometrics, 2022, 127(3).
[41] Yan W., Zhang Y.. Research Universities on the ResearchGate Social Networking Site: An Examination of Institutional Differences, Research Activity Level, and Social Networks Formed [J]. Journal of Informetrics, 2018, 12(1).
[42] Yuan C. W. T., Fussell S. R.. A Tale of Two Sites: Dual Social Network Site Use and Social Network Development [J]. Computers in Human Behavior, 2017, 74.
[43] Zahedi Z., Costas R., Wouters P.. How well Developed are Altmetrics? A Cross-disciplinary Analysis of the Presence of 'Alternative Metrics' in Scientific Publications [J]. Scientometrics, 2014, 101(2).

后 记

信息化时代,越来越多的学者开始利用学术社交网络管理、分享和传播个人研究成果,促使学术交流向信息化、数字化转型,基于学术社交网络的科研影响力已经成为我们不能再忽视的存在。我从2012年开始尝试通过ResearchGate和Academia.edu等学术社交网络,与学科内的一些研究者建立联系,获取他们最近的研究进展,并向他们索取一些通过其他渠道不易获得的研究文献,甚至就论文中的某些问题直接向他们请教,感觉一下子和作者之间的距离接近了不少,获得一种与过去阅读研究文献完全不同的体验,当时意识到这将给学术交流带来巨大的变革,于是对学术社交网络研究产生了兴趣,而且也发现已经有不少研究开始关注研究论文的学术社交网络数据和传统引用影响之间的关系。

2017年,国家首批"双一流"建设高校名单发布之后,我关注到"双一流"建设高校用户参与学术社交网络的活动要比其他高校更加活跃,具体体现在注册成员用户人数和分享的论文数量更多。在国外也显现出类似的情况,在大学排行榜上靠前的大学参与学术社交网络的积极性要更高。这些国内外一流大学研究成果的学术影响力中不容忽视的一部分延伸到学术社交网络,因此我们在测评它们的学术影响力的时候不能只考虑传统文献计量学指标,也需要考虑开发新的基于学术社交网络的新指标。基于这一思考,我于2019年申报了教育部人文社会科学研究项目"基于学术社交网络的高校科研影响力计量评价研究",并获得立项(编号:19YJA880005),本书为该项目的最终研究

后　记

成果。

　　本书从 2019 年下半年开始筹划，至今已经快四年。在数据采集、分析和书稿撰写过程中，得到课题组成员张金运、张磊、张桥银、张彦、李梅、向洁和阎婷等老师的大力支持和帮助，在此表示感谢。

　　感谢复旦大学出版社出版本书，感谢宋启立老师、黄丹老师的大力支持和帮助。感谢贵阳学院阳明学与黔学研究院、研究生院及教育科学学院各位领导和老师的支持和帮助。感谢 Altmetric.com 提供了研究数据访问接口，ResearchGate 提供了研究数据支持。

　　由于时间关系，以及个人经验及水平有限，不成熟欠考虑之处难免，恳请各位老师和同行不吝赐教，你们的建议将是我取得进步的动力，谢谢。

邓国民 于贵阳

2023 年 5 月

图书在版编目(CIP)数据

基于学术社交网络的高校科研影响力计量评价研究/邓国民著. —上海:复旦大学出版社,
2023.10
ISBN 978-7-309-16950-8

Ⅰ.①基… Ⅱ.①邓… Ⅲ.①高等学校-科研管理-研究-中国 Ⅳ.①G644

中国国家版本馆 CIP 数据核字(2023)第 153507 号

基于学术社交网络的高校科研影响力计量评价研究
邓国民 著
责任编辑/黄 丹

复旦大学出版社有限公司出版发行
上海市国权路 579 号 邮编:200433
网址:fupnet@fudanpress.com http://www.fudanpress.com
门市零售:86-21-65102580 团体订购:86-21-65104505
出版部电话:86-21-65642845
浙江新华数码印务有限公司

开本 787 毫米×960 毫米 1/16 印张 15 字数 209 千字
2023 年 10 月第 1 版
2023 年 10 月第 1 版第 1 次印刷

ISBN 978-7-309-16950-8/G・2516
定价:68.00 元

如有印装质量问题,请向复旦大学出版社有限公司出版部调换。
版权所有 侵权必究